Anton Marx

Hilfsbüchlein für die Aussprache der lateinischen Vokale in positionslangen Silben

Verone

Anton Marx

Hilfsbüchlein für die Aussprache der lateinischen Vokale in positionslangen Silben

1st Edition | ISBN: 978-9-92500-042-5

Place of Publication: Nikosia, Cyprus

Erscheinungsjahr: 2015

TP Verone Publishing House Ltd.

Nachdruck des Originals von 1883.

Hülfsbüchlein

für die

Aussprache der lateinischen Vokale in positionslangen Silben

von

Anton Marx.

Mit einem Vorwort von Franz Bücheler.

Wissenschaftliche Begründung der Quantitätsbezeichnungen in den lateinischen Schulbüchern von Hermann Perthes.

Vorwort.

Im vorliegenden 'Hülfsbüchlein' erscheint nach mehrfacher Verzögerung die schon im Jahre 1874 von Herrn Geh. Hofrat Dr. Perthes im Vorwort zur lateinischen Wortkunde für Sexta angekündigte wissenschaftliche Rechtfertigung der Angaben über die natürliche Quantität der lateinischen Vokale in positionslangen Silben, welche Dr. Gustav Loewe sowohl in den beiden ersten Kursen des genannten Schulbuchs als auch in der lateinischen Formenlehre des Herrn Perthes durchgeführt hatte. Der ebenda in Aussicht gestellte Aufsatz Friedrich Ritschl's findet sich als Sendschreiben an Herrn Perthes im Rheinischen Museum für Philol. N. F. XXXI (1876) S. 481 = Opuscul. IV S. 766 ff. Herr Loewe war leider durch seine mehrjährigen wissenschaftlichen Reisen im Auslande und andere Geschäfte verhindert die in jenem Vorwort für einen naheliegenden Zeitpunkt versprochene Zusammenstellung wissenschaftlicher Nachweise auszuarbeiten. Unter diesen Umständen wandte sich Herr Perthes im Einverständnis mit Herrn Loewe an mich, und ein ehemaliger Zögling des Bonner philologischen Seminars, der sich auch mit romanischen Sprachstudien beschäftigt, Herr Anton Marx zur Zeit in Sigmaringen, liefs sich bereit finden, jene Arbeit zu übernehmen.

Für die grammatische Erkenntnis, für die richtige Würdigung der dichterischen und rednerischen Litteratur ist die richtige Aussprache ein wesentliches Erfordernis. Wohl jeder Lehrer des Lateinischen achtet heute darauf, dafs ŏvĭs und ōvīs, dafs der Gen. Sing. *timentis* vom gleichgeschriebenen Acc. Plur. geschieden werde. Ob auf den Vokal ein oder mehrere Konsonanten folgen, ist wie an sich so für die didaktische Forderung, die wir stellen, gleichgiltig, und wer möchte nicht gerne, einmal darauf aufmerksam gemacht, auch die lautliche Unterscheidung, wie sie bei den

Alten bestand. von *lĕctus* λέκτρον und *lēctus* 'gelesen' annehmen und
festhalten? Gleich zu Anfang, mit dem ersten Unterricht wird sich
die Orthoepie mit nicht viel mehr Schwierigkeit durchsetzen
lassen. als uns seiner Zeit die Erlernung falscher Aussprache gemacht hat: *adeo in teneris consuescere multum est.* Gehen die
Lehrer mit gutem Beispiel voran. so folgen die Schüler nach, und
wenn es vermessen ist vom lebenden Geschlecht die vollkommene
Reform zu erwarten. so kann doch der Weg gebahnt werden, auf
dem das kommende Geschlecht weiter gehen wird.

Freilich ein grofses Hindernis stellt sich uns entgegen, mifs-
lich seiner Natur nach, noch mifslicher, weil es denen welche in
der alten Bahn beharren wollen oder aus welchem Grunde immer
der Besserung widerstreben. die bequemste Ausrede darbietet.
Es mufs zugestanden werden. dafs wir zur Zeit nicht im stande
sind für jeden Vokal vor Doppelkonsonanz die Quantität mit
völliger Sicherheit zu bestimmen. Die Quellen unserer Kenntnis
reichen hierzu kaum aus. Wir benutzen die ausdrücklichen Zeugnisse alter Grammatiker und anderer Schriftsteller, die Zeugnisse
welche die lat. Inschriften darbieten durch Vokalverdoppelung seit
der Gracchen-. durch das verlängerte *i* seit Sullas, durch die
Apices seit Cäsars Zeit. weiter die griechische Umschrift lateinischer
Worte, in der die Scheidung von ε und η. von o und ω, ει für *i*
und der Accent uns helfen, wir schliefsen aus der Etymologie
eines Wortes und aus den Formen in welchen es in den romanischen
Sprachen fortlebt (*villus* weil it. *velluto* franz. *velours* u. a., *villa*
weil *i* blieb), wir schliefsen aus Analogieen wie dafs *noster* gebildet
ist gleich *voster*, hier aber *o* kurz war wegen des Überganges in
vester u. s. w. Auf diese Weise hat Hr. Marx das Büchlein zu-
sammengestellt; es schien zunächst wichtiger dafs die richtige
Quantität vermerkt und Lernbegierigen hierüber glaubhafte Aus-
kunft gegeben, als dafs um der Kenner und Kritiker willen die
Belege und Beweise gehäuft oder vervollständigt würden; nament-
lich in den ersten Buchstaben kann allerhand nachgetragen werden
schon aus *Ioannis Meursi glossarium graecobarbarum* (Leiden 1610),
wie viel mehr bei planmäfsiger Ausnutzung der griech. Inschriften
und Litteratur aus römischer und byzantinischer Zeit, beispiels-
weise *accepta* gr. ἄκκεπτα, *Crustumina* Κρούστουμίνα. Aller
Fleifs aber und alle Umsicht kann nicht verhindern dafs zur Zeit
Lücken und zweifelhafte Punkte bleiben. Denn die wissenschaftliche Behandlung dieser Fragen ist von zu jungem Datum; das

einschlägige reiche Material liegt nirgends gesammelt oder gesichtet
vor; gewisse Lautgesetze wie die Dehnung jedes Vokals vor *ns*
sind durch ausreichende Beobachtungen festgestellt worden, andere
Punkte wie die Quantität in der·Verbal-Flexion und Ableitung
sind nicht genügend aufgeklärt, obgleich schon derjenige, welcher
in der philologischen Litteratur unseres Jahrhunderts diese Fragen
neu angeregt hat, Lachmann im Lucrez-Kommentar gerade allgemeine Regeln dieser Art zu ermitteln bemüht war. Man darf
zweifeln an der künftigen Beständigkeit dessen was S. 8 § 6 D über
die Inchoativa mit kurzem Vokal vorgetragen ist; durch ein Ver-
sehen ist *coalesco* wie eine Ableitung von *alo* in jene Reihe ge-
stellt worden; für *obliviscor* spricht das Partic. *livitus* welches
Cornutus (VII p. 206, 3 K.) anführt. Hoffentlich wird dies Büchlein, meines Wissens der erste auf alle positionslangen Silben des
Lexikons ausgedehnte Versuch, zugleich als Sporn für fernere
wissenschaftliche Arbeiten über den Gegenstand wirken; nach
meiner Meinung enthält es auch so schon des Sicheren genug, um
für Berichtigung der lat. Aussprache nützlich zu sein.

Den Gegnern müssen wir noch eine andere Waffe selber in
die Hand geben. Wie überhaupt die ganze Sprache, Formen und
Laute im Laufe der Zeit sich änderten, wie so viele prosodische
Veränderungen, teils vor der klassischen Periode und gemein-
gültige, teils späte und vereinzelte begegnen, ebenso ist die Quantität der Vokale auch vor Doppelkonsonanz Wandelungen unter-
worfen gewesen. Aus Längen sind Kürzen geworden (es genüge
das eine Beispiel *cōntio* aus *coventio*. nach Diomedes p. 433, 18
K. *cŏntio*), aber eine besondere Neigung hat obgewaltet, den kurzen
Vokal zu dehnen, im Einklang mit der allbekannten metrischen
Thatsache dafs z. B. im Hexameteranfang *agrestem tenui* von
Natur kurze Silben für ·Längen fungieren; die Energie mit welcher
solche Lautgebilde vormals hervorgebracht wurden, macht bei deren
steter Erneuerung der Lässigkeit und Schlaffheit Platz. Gegenüber
dem πέμπε, *pompe* der Griechen und der Italiker ist *quinque* den
Lateinern eigentümlich, wie es scheint, von Anbeginn. Die Länge
der ersten Silbe von *ignobilis* und *ornatus* kann sich erst nach
der hannibalischen Zeit festgesetzt haben, da in plautinischen
Anapästen dieselbe noch kurz gebraucht wird. *arva* hatte die
Stammsilbe ursprünglich so kurz wie *arare*, wenn wir aber auf
einer vom Senat ausgegangenen, auch in den Apices fehlerlosen
Inschrift zu Ehren Neros des Sohnes des Germanicus CIL. VI 913

frátri árváli lesen, so ist der Schlufs unabweisbar, dafs damals die erste Silbe schon lang gesprochen ward, ohne Frage unter dem Einflusse des *r*-Lautes, der manche Dehnung bewirkt hat, allgemein oder partiell nach Ort und Zeit (z. B. κοῶϱτις statt *cohŏrtis*, in Rom schliefslich gar *Minēva* wie einst und für immer lat. *pēdo* statt πέϱδω). Vor Alters kannte man nur *Vĕstini*, und dafs wie die Marser, Picenter, Hirpiner vom Kriegsgott und dessen Symbolen, so jener Stamm von der *Vesta* 'Εστία benannt ist, unterliegt wohl keinem Zweifel; Οὐεσι- wird der Name des Konsuls Vestinus vom J. 65 noch geschrieben; die Glosse des Etymolog. M. p. 195, 40 *Βεστῖνοι* mag ihrer übrigen Verkehrtheit wegen (βέστια τὰ θηϱία, richtig βησιία) bei Seite bleiben; aber mit Strabo treten Οὐῆστινοί auf und für den Beamten des Kaisers Hadrian, den bekannten Bibliothekar und Lexikographen Julius Vestinus ist diese Schreibung die regelmäfsige; hiernach zu schliefsen, hat die Verschiebung der Quantität in jenem Namen um die Zeit des Augustus begonnen und ist bis zum zweiten Jahrhundert durchgedrungen. Bei derselben Doppelkonsonanz in *hesternus* wird die ursprüngliche Kürze bewiesen durch die Etymologie (*hĕri* für *hes-χθές*), aber im orthographischen Kapitel des Marius Victorinus wird, wahrscheinlich doch betreffs eben dieser Silbe vorgeschrieben (VI p. 15 K.): *hesternum producte dici debet, nemo enim est qui latine modo sciat loqui, qui aliter quam producta syllaba hesternum dixerit.* Der Regel kann Beweiskraft für die Schultradition des vierten Jahrhunderts nicht abgesprochen werden, die Apices einer mauretanischen Inschrift (CIL. VIII 9173) bezeugen, dafs ihr etwas älterer Verfasser wie *infáns* so auch *infántis* sprach. Hingewiesen sei noch auf die vielen einer genaueren Untersuchung bedürftigen Wörter, wo ein und derselbe Konsonant, besonders eine Liquida, zwischen Vokalen gedoppelt steht, wo auch die Schreibung der Konsonanz vielfach schwankt (*querella querela, parret paret, Pulfenius amentum cupedia gutus buca* u. s. w.), wo Stetigkeit und Fortdauer des Doppelkonsonanten gewöhnlich das Anzeichen von kurzem Vokal ist (aus *nōnas Plinius* machten Griechen νόννας Πλέννιος); indem die Silben nicht scharf gesondert, die Konsonanten nicht von einander abgesetzt, sondern zusammen gezogen werden, gewinnt der vorgehende Vokal was der Konsonanz verloren geht und erwächst zur Länge. Korrekt *gar-rulus*, aber das Volk hängt zusammen *garulus* (Gram. IV p. 199, 4 K.), spricht ungefähr *gahrulus*; dafs in jenem *a* lang

sei, folgt aus diesem so wenig, wie aus *anulus* langes *a* für *annus*;
vielmehr zeugt das verwandte *gerrae* für alte Kürze des Vokals.
Ebenso korrekt *castĕl-lum*, aber in gemeinen Kreisen *castēlum*;
der gallische Gott heifst lateinisch *Sucellus* oder *Sucaelus*;
wir kennen keine andere Form als *ōlim*, die wenn auch die Ein-
wirkung des *i* hier mit in Betracht kommt, doch in gleicher
Weise von *ŏlle* abgeleitet ist. Die Wissenschaft darf sich nicht
damit begnügen, die Silben vor Doppelkonsonanten schlechtweg
die eine als kurz, die andere als lang zu bezeichnen; sie hat vor
allem die gennetische Entwickelung ins Auge zu fassen und den
verschiedenen Einflufs verschiedener Konsonantengruppen auf den
vorgehenden Vokal darzulegen; denn so von Anfang bis zu Ende
gleichmäfsig dauernde Sprachregeln wie die Verlängerung der
Silben bei nasaliertem *s*, scheinen den geringeren Teil zu bilden,
und auf den Wechsel der Quantität, welchen die wenigen Beispiele
vorhin fast für jede Epoche, für weiteste und engere Kreise be-
kunden, ist bis jetzt nicht geachtet worden.

Für den Schulunterricht sind jene Veränderungen und
Schwankungen, welche die geschichtliche Untersuchung der Sprache
zu ermitteln hat, mehr hinderlich als förderlich; die Schule braucht
éine Form, die sie lehrt und übt, welche den Anfänger und
wer über die Materie ohne Urteil ist, mit dogmatischer Strenge
bindet. Wenn also verschiedene, nach den Zeiten und sonst
wechselnde Quantitäten aus dem Altertum vorliegen, welche wählen
wir? Als Ritschl den gleichen Fall der lat. Orthographie besprach,
betrachtete er mit Recht als das Entscheidende, dafs vermieden
werde was verwerflich jung sei, und erklärte darum die Schreib-
weise Quintilians und seiner gebildeten Zeitgenossen für das
geeignetste Vorbild der Schul-Orthographie. Derselbe Gesichts-
punkt mufs für die Orthoepie der Schule entscheiden, nur dafs
hier, um sicher zu sein vor Entartetem und Abfälligem, das Muster
keinesfalls gewählt werden kann in der von Ritschl bezeichneten
Periode. Die Verderbnis, um den verständlichen und in päda-
gogischem Betracht sehr berechtigten Ausdruck beizubehalten,
zeigt sich in der Aussprache und macht sich breit längst bevor
sie die durch Litteratur und Schultradition befestigte Schrift an-
greift; seit Cäsar wachsen und nehmen mehr und mehr zu an
Zahl, an Umfang des Gebiets, an Einflufs auch in sprachlichen
Dingen die Volksschichten welche die Latinität zersetzen und ver-
derben; für alle lateinische Prosodie und Quantität sind die eigent-

lichen Normen, wie die Geschichte der ganzen römischen Poesie zeigt, vor Christi Geburt aufgestellt worden. Darum diese Zeit, die augusteische auch für unsere Quantitätsfragen, wo das Schulinteresse eine generelle Bestimmung erfordert, den Ausschlag geben muſs. Allerdings fliefsen in der Kaiserzeit die Quellen reichlicher, und leichter ist zu sagen wie Gellius oder Priscian als wie Horaz gesprochen; mag der Satz weniger praktisch sein, seine Richtigkeit wird dadurch nicht erschüttert; er mahne uns Formen wie *ārva*, *Marcēllus* u. s. w. welche für den Forscher gröfseren Wert haben als Dutzende der gewöhnlichen Νέρβα, Μάρκελλος, oder was die Grammatiker seit den Antoninen bezeugen, nicht ohne Prüfung als ständiges oder der guten Latinität eigenes Gesetz auf die Schule zu übertragen.

Kann ein *advocatus diaboli* nachdrücklicher einschärfen, wie zweifelhaft Nutz und Frommen der Kanonisierung ist? Aber diese folgt doch. So werden trotz aller Einwendungen diesem Versuch andere folgen welche die elementarsten und schwierigsten Fragen der Grammatik, auch der Schulgrammatik, lösen helfen. Ich hoffe zunächst daſs Hr. Marx Gelegenheit finde zu einer neuen, aus den Quellen gehörig vermehrten Ausgabe.

Bonn 25. Februar 1883.   F. Bücheler.

Einleitung.

Bei der Angleichung unserer Aussprache des Lateins an die
der Römer kann uns nur diejenige Periode dieser Sprache zum
Muster dienen, in welcher dieselbe den Höhepunkt ihrer Entwickelung erreichte, die ciceronianisch-augusteische, zugleich auch
diejenige, auf welche sich der bedeutendste und zuverlässigste Teil
der überlieferten Zeugnisse zu dieser Frage bezieht. Dafs dieser
Zeit wirklich eine strenge konsequente Aussprache eigen war, bezeugt Cicero (or. 51, 173)[1]) ausdrücklich und das Gefühl für eine
richtige Aussprache blieb noch in späten Jahrhunderten lebendig[2]),
wennschon uns dort, nachdem der ganze Bau der Sprache schwer
erschüttert worden war, naturgemäfs einzelne gegen die frühere
Aussprache abweichende, auch wohl untereinander widersprechende
Angaben über die Aussprache einzelner Wörter begegnen. Eine
so umfassende und sichere Quelle als die Dichter uns sind für
die Aussprache des Vokals vor einem einfachen Konsonanten, giebt
es für die Ermittelung der Vokallänge oder Vokalkürze vor mehrfacher Konsonanz nicht. Es ist deshalb erklärlich, dafs auch bei
der strengsten Sichtung der benutzbaren Zeugnisse noch eine Anzahl Wörter von zweifelhafter Quantität des Vokals übrig blieb,
diese mufsten, da nur die sicher langen Vokale als solche bezeichnet werden konnten, vorläufig unbezeichnet bleiben.

Die benutzten Quellen lassen sich folgendermafsen gruppieren:

---

[1]) 'In versu quidem theatra tota exclamant, si fuit una syllaba aut brevior
aut longior. Nec vero multitudo illud quod offendit aut cur aut in quo of-
fendat intellegit et tamen omnium longitudinum et brevitatum in sonis sicut
acutarum graviumque vocum iudicium ipsa natura in auribus nostris collo-
cavit'.

[2]) Consentius S. 392 K. 'barbarismus fit, ut quidam dicunt piper producta priore syllaba, cum sit brevis quod vitium Afrorum familiare est'.

1) Ausdrückliche Zeugnisse von Schriftstellern: Cic. or. 48,
159, Gellius n. A. 2, 17; 4, 17; 6, 15; 9, 6; 12, 3, sowie einzelnes
bei fast allen Grammatikern, welche, wenn auch zum Teil in späterer
Zeit lebend, doch als die Überlieferer älterer Zeugnisse die ent-
schiedenste Bedeutung haben.

2) Die altrömischen Dramatiker, besonders Plautus und Te-
renz, bei welchen muta cum liquida noch nicht im stande waren,
einen von Natur kurzen Vokal als metrische Länge erscheinen zu
lassen, bei denen also vor muta cum liquida immer die natürliche
Quantität des Vokals im Verse erscheint. Dazu kommt, dafs die-
selben Dichter in gewissen Fällen manche andern positionslangen
Silben als Kürzen gebrauchen, wahrscheinlich doch weil der Vokal
in diesen Silben überhaupt nur kurz ausgesprochen wurde. Wenige
Stellen giebt es allerdings, an welchen ein von Natur langer Vokal
mit oder ohne Position als Kürze erscheint, z. B. bonïs mis Pl. Trin.
822 oder forís pultabo Trin. 868. Aber diese Stellen sind von
besonderer Art und finden ihre Erklärung durch metrische, rhyth-
mische Gründe, Versaccent, iambische Natur der Wörter u. s. w.
Ihnen steht gegenüber eine sehr grofse Anzahl anderer Stellen, an
denen eine unzweifelhaft von Natur kurze Silbe trotz ihrer Positionslänge auch als metrische Kürze erscheint, z. B. die 2. Silbe
in iuventus, tabernaculum, voluntas, voluptas.

3) Die Inschriften. Seit dem 1. Jahrh. v. Chr. erscheint der
Apex zur Bezeichnung der Länge bei den Vokalen a e o u, während
man die Länge von i durch I (welches sich aufserdem noch für
i consonans sowie in kaiserlichen Titulaturen wie Imperator Invictus hier und da findet) oder durch ei ausdrückte; vor der Zeit
des Apex findet sich bei a e (o) u auch Verdoppelung des langen
Vokals. Konsequent durchgeführt ist zwar diese Längenbezeichnung
kaum auf irgend einer Inschrift, auch sind die Vokale in positionslangen Silben meist nur zum kleinern Teile berücksichtigt, doch
geben einzelne amtliche Inschriften der republikanischen und ersten
Kaiserzeit eine reichhaltige und zuverlässige Ausbeute, wie z. B.
die Rede des Kaisers Claudius (Boissieu, Inscr. de Lyon S. 136).

4) Die griechischen Transcriptionen, eine Hauptquelle für die
Quantität der Vokale e o oft auch i u in Eigennamen. Polybius,
Dionysius v. Hal. Strabo, Plutarch, Appian, Dio Cassius kommen
vorzugsweise in betracht, sowie die griechischen Inschriften der
römischen Zeit. Aus der byzantinischen Zeit bietet besonders
Lydus manches Wertvolle, einzelnes auch Constantinus Porph. so-

wie die andern byzantinischen Schriftsteller[1]). Indessen ist bei der
wachsenden Übermacht des Accentes über die Quantität und der
infolgedessen unverkennbar hervortretenden Neigung die unbe-
tonten Vokale zu kürzen aus dieser spätern Zeit vorzugsweise den
Zeugnissen für Vokallänge Beweiskraft zuzugestehen. Selbst der
Accent war nicht immer im stande, die ursprüngliche Quantität des
Vokals zu erhalten; während er in $\pi\varrho\omega'\xi\iota\mu o\varsigma$ bei Const. die Dehnung herbeigeführt zu haben scheint, weist die für die alte Zeit
sicher falsche Accentuierung von $M\acute{\alpha}\varrho\varkappa o\varsigma\ \Pi\varrho\acute{\iota}\sigma\varkappa o\varsigma$ in den Hand-
schriften auf eine trotz der Betonung später eingetretene Kürzung
des Vokals.

5) Die Etymologie und Analogie, eine zwar nicht immer ganz
zuverlässige aber für viele Wörter die einzige Quelle. Sichere
Schlüsse lassen sich bei nächstverwandten Wörtern ziehen wie
$\dot{\omega}\lambda\acute{\epsilon}\nu\eta$ ūlna, doch sind die dem fraglichen Vokal nachfolgenden
Konsonanten von der gröfsten Bedeutung, denn pīnguis gr. $\pi\alpha\chi\acute{\nu}\varsigma$,
quīnque gr. $\pi\acute{\epsilon}\nu\tau\epsilon$, ūnguis gr. $\ddot{o}\nu\upsilon\xi$ verdanken die Länge des Vokals
im Lateinischen wohl nur der nachfolgenden Konsonantenverbindung
(Vgl. A. R. § 1). Ersatzdehnung infolge Ausfalls eines Konsonanten
darf wohl da angenommen werden, wo von einer Konsonantenverbindung der erste die Silbe schliefsende Konsonant ausfiel.
Wie aus mag-vis mä-vis, aus per-do ($\pi\acute{\epsilon}\varrho\delta\omega$) pē-do, aus Sec-stius
Sē-stius wurde, so notwendig auch aus por-sco pō-sco u. s. w. Frei-
lich giebt es auch hier einige wenige Ausnahmen wie cŭlina von
coc- (coquo), in welchem Worte die Betonung der folgenden Silbe
die nachträgliche Verkürzung der ersten Silbe verschuldet haben
mag. Aufserdem ist Ersatzdehnung wahrscheinlich, wenn eine
media ausfiel oder in betonter Silbe dem folgenden Konsonanten
sich assimilierte, wie von ago āctum, von cado cāsum, von scad-
(scando) scāla, so von sed- (sedeo) sēlla, von fod- (fodio) fōssa.
Beim Übergange eines Vokals in einen andern ist dann auf Kürze
zu schliefsen, wenn a in i oder u überging, wie capio — excipio, so
tango — attingo (aber attāctum), wie quatio — concutio, so scalpo
— sculpo, calco — inculco.

6) Die romanischen Sprachen, besonders das Italienische und
Spanische, welche im Unterschiede von den andern Sprachen allgemein den lateinischen Vokal (e i o u) nicht blofs vor einfacher

---

[1]) Benutzt wurden aufser Hesychius, Suidas u. s. w. die Werke von
Du Cange, Sophokles, Wagner, Eberhard sowie die Bonner Ausgabe der byzantinischen Historiker.

sondern auch vor mehrfacher Konsonanz nach seiner ursprünglichen natürlichen Quantität behandelten. War der Vokal lang, so blieb er unversehrt erhalten, war er aber kurz, so wurde er geschwächt und zwar so, dafs ē und ī denselben geschlossenen e-Laut, ō und ū denselben geschlossenen o-Laut ergaben, während ĕ und ŏ zunächst eine offene Aussprache erhielten und dann diese entweder bewahrten oder später diphthongierten (e zu ie, o zu it. uo sp. ue). Die romanischen Sprachen erlauben zwar zunächst nur Schlüsse auf die römische Volkssprache, aber da das Volk in der Aussprache positionslanger Silben im allgemeinen wohl mehr zur Kürzung als zur Dehnung hingeneigt haben wird, so ist wenigstens da Identität mit der Schriftsprache anzunehmen, wo die romanischen Sprachen auf langen Vokal in der Muttersprache hinweisen, während wenn sie übereinstimmend auf Kürze hinweisen dies in Ermangelung entgegenstehender sehr zuverlässiger anderer Zeugnisse immerhin als Wahrscheinlichkeitsbeweis gelten kann.

Von den Philologen, welche sich mit demselben Gegenstande bereits beschäftigt haben, sind zu nennen: Lachmann, welcher zuerst die Bedeutung einer auslautenden media des Verbalstammes für die Quantität des Supinums erkannte, Komm. zu Lucrez S. 54 f. Ritschl, der den Anstofs gab zu W. Schmitz' verschiedenen Arbeiten, gesammelt unter dem Titel: Beiträge zur lat. Sprach- und Litteraturkunde, und Fr. Schölls 'Veterum grammaticorum testimonia de accentu linguae latinae', Acta soc. phil. Lips. VI. und am Abende seines Lebens noch selbst schrieb: Über unsere heutige Aussprache des Lateins, Rhein. Mus. 31. Bouterwek und Tegge: Die altsprachliche Orthoepie und die Praxis 1878, besprochen u. a. von Hartel in der österreich. Gymnasialz. 1879. W. Förster: Bestimmung der lat. Quantität aus dem Romanischen, Rhein. Mus. 33. Wiggert: Studien zur lat. Orthoepie, Stargard 1880 Progr. Bünger: Über die lat. Quantität in positionslangen Silben, Strafsburg 1880 Progr. Schottmüller: Philol. Wochenschr. 1881, S. 208 f.

Abkürzungen.

CIL == Corpus inscriptionum Latinarum.
IRN == Inscriptiones regni Neapolitani.
CIG == Corpus inscriptionum Graecarum.
CIA == Corpus inscriptionum Atticarum.
D. C. == Glossarium mediae et infimae Graecitatis ed. Du Cange.
K. == Grammatici Latini ed. Keil.
A. R. == Allgemeine Regeln für die Ausspr. d. Vok. in positionsl. Silben.

Allgemeine Regeln für die Aussprache der Vokale in positionslangen Silben.

§ 1.

Vokallänge vor gn gm nf ns,
Vokalkürze vor nt nd.

Lang ist im Lateinischen jeder Vokal vor den Konsonanten-verbindungen gn gm nf ns, kurz ist der Vokal vor nt nd, z. B. māgnus āgmen īnfandus mōns montis*).

Ausnahmen:

1. Egnātius Theognis,
2. die griechischen Wörter auf -εγμα wie phlegma,
3. cōntiō iēntāculum und iēntātiō nūntius quīntus und die griech. Namen auf ūs -ūntis und ōn -ōntis (vgl. § 2, 3),
4. Charōndās Epaminōndās nūndinae nōndum prēndō quīndecim vēndō vīndēmia ūndecim.

Vor gn beweist die Vokallänge Priscian 2, 63 S. 82 H.: in „gnus" quoque vel „gna" vel „gnum" terminantia longam habent vocalem paenultimam ut rēgnum stāgnum benīgnus malīgnus abiēgnus privīgnus Paelīgnus. Aufser vor „gnus" u. s. w. ist der Vokal lang vor gn in āgnātus āgnōscō āgnōmen cōgnōscō cōgnōmen īgnāvus īgnārus īgnōrō īgnōscō īgnōminia u. s. w. da hier ā cō ī für ad con in stehen. Als zweifelhaft bleiben daher nur die Fremdwörter übrig. Auch Plautus brauchte vor gn den Vokal durchweg lang (vgl. Schmitz, Beiträge zur lateinischen Sprach- und Litteraturkunde S. 56 ff. Corssen, Über Aussprache, Vokalismus und Betonung der lat. Sprache² II. S. 265).

Die Länge des Vokals vor gm folgt 1) aus der Analogie von gn, bei Plautus findet sich auch hier nur Länge, 2) aus der etymologisch nicht gerechtfertigten Länge des Vokals vor gm in pigmentum und sēgmentum (s. unten im Wörterverzeichnisse).

Vor nf und ns beweist die Vokallänge Cicero im Orator 48 § 159: „indoctus" dicimus brevi prima syllaba „insanus" producta, „inhumanus" brevi „infelix" longa, et ne multis, quibus in verbis eae primae litterae sunt quae in sapiente atque felice, producte dicitur „in", in ceteris omnibus

---

*) Nur die langen Vokale sind durch den Langstrich bezeichnet, die nicht bezeichneten Vokale sind als kurz anzusehen.

breviter, itemque composuit consuevit concrepuit confecit. Dasselbe sagt
Gellius 2, 17; 4, 17 sowie Probus cathol. S. 6, Mar. Vict. S. 204, Diomed. S. 431, 433, Priscian S. 319, Beda S. 230 K. Dazu kommen viele
einzelne Belege aus Inschriften und griech. Schriftstellern, vgl. im Wörterverzeichnisse accēnsus acipēuser castrēnsis cēnsor cēnsus clēmēns Cōnsentia
cōnstāns cōnsul cōnstō cōnsilium Cōnsus Cōnsuālia crēscēns Hortēnsius īn-
sīgnis īnspiciō īnsuper Lūcerēnsēs mēnsa mēnsor potēns Ramnēnsēs Tatiēnsēs valēns. Vgl. auch Schmitz, Beiträge S. 3 ff., 25, 27, 30, 32.

Für nf vgl. īnfēlīx inferior.

Für die Vokalkürze vor nt vgl. linteum (von līnum), wo i nur wegen
des folgenden nt verkürzt scheint, ferner aufser potentia besonders clēmēns
crēscēns cliēns dēns fōns frōns gēns mēns mōns parēns Picēns pōns prae-
sēns, Wörter, welche im Nom. Sing. vor ns langen Vokal, in den übrigen
Casus aber vor nt kurzen Vokal haben, vgl. auch Aventinus Carmenta carpentum centum Cōnsentia commentarii Faventia ferentārii Flōrentia frūmentum instrūmentum Lentulus Placentia sēgmentum Sentīnum Terentius. Mehr
Beispiele bei Schmitz Beitr. S. 11 ff.

Die Vokalkürze vor nd ergiebt sich aus der Analogie von nt, dazu vgl.
calendae Euander Fundānius und § 6, B, 1, c.

§ 2.

Deklination.

1. der kürzere Genitiv Pluralis auf ūm in der ersten und
zweiten Deklination hat langes u, also Aeneadūm deūm sēstertiūm
daūmvir (aber triumvir).

Dafs die im Lateinischen wie im Griechischen ursprünglich lange Endung des Genitiv Plur. ūm wenigstens in der 1. und 2. Deklination als
Vertretung für ārum ōrum lang blieb, dafs man also, wie die direkt aus
dem Griechischen herübergenommenen amphorūm drachmūm auch modiūm
sēstertiūm u. s. w. mit langem u sprach, ist höchst wahrscheinlich, denn
erstens mufste das in der 1. und 2. Deklination durch Kontraktion ent-
standene um neben ārum orum auch später als solches im Bewufstsein
bleiben, zweitens wären sonst in der 2. Deklination der Acc. Singul. und
Gen. Plur. garnicht zu unterscheiden gewesen.

2. die Wörter auf er nach der 2. sowie die Wörter auf er
und x nach der 3. Deklination haben in allen Casus dieselbe
Quantität des der Endung voraufgehenden Vocals, also ager agrī
frāter frātris ācer ācris pax pācis tenāx tenācis fax facis rēx rēgis
nix nivis cornīx cornīcis calix calicis, ebenso caro carnis mel
mellis fel fellis as assis os ossis (aber ōs ōris) plēbs plēbis.

3. die Wörter auf ns nach der 3. Dekl. Gen. -ntis -ndis
haben im Nominativ und Vokativ vor ns langen, in allen übrigen
Casus vor nt nd kurzen Vokal, also fōns fontis frōns frondis
sapiēns sapientis amans amantis, ebenso verhalten sich die grie-

chischen Wörter auf ās -antis, z. B. Aiās -antis gigās -antis. Den langen Vokal behalten die griech. Städtenamen auf οὖς -οῦντος, z. B. Selīnūs -ūntis und die griech. Personennamen auf ῶν- ῶν-τος, z. B. Xenophōn -ōntis, aber Acherōn -ontis.

Die Kürze vor ut in der Deklination ist dem Lateinischen und dem Griechischen gemeinsam, vgl. Curtius, d. gr. Verbum I S. 195; die Formen auf οὖς -οῦντος und ῶν -ῶντος sind contrahiert.

4. Alle auf mehrere Konsonanten aufser ns oder x endigenden Wörter der 3. Deklination haben kurzen Vokal vor der Endung, also urbs urbis arx arcis sors sortis puls pultis stirps stirpis. Ausgenommen sind plēbs plēbis supellēx -ēctilis und die von ūncia abgeleiteten Wörter wie deūnx deūncis.

5. Einzeln zu merken sind lāc lactis fār farris.

§ 3.

Komparation.

1. Die Endungen -issimus -errimus -illimus -entior -entissimus haben kurze Vokale, also:

probus	probior	probissimus
ācer	ācrior	ācerrimus
similis	similior	simillimus.
benevolus	-entior	-entissimus

Die Endung -issimus mufs ursprünglich ihrer Bildung gemäfs langen Vokal gehabt haben, es finden sich auch noch inschriftliche Beispiele mit I wie CIL VI 1132 1634 1724, aber es scheint doch früh Kürze eingetreten zu sein, vgl. simillumae Plaut. Asin. 1, 3, 88 und amīcissimus bei Mar. Vict. de fin. S. 242 K., in der spätern Volkssprache wurde i zu e, wie die romanischen Sprachen zeigen.

2. bonus	melior	optimus
māgnus	māior	māximus
parvus	minor	minimus
mātūrus	mātūrior	mātūrissimus und mātūrrimus
ūltrō	ūlterior	ūltimus
superus	superior	suprēmus und summus.

§ 4.

Zahlwörter.

1. In den Endungen -gintā und -gentī ist der Vokal vor nt kurz, also quadrāgintā quadringentī.
Vgl. τεσσαράκοντα τετρακόσιοι u. s. w.

1*

2. Einzeln sind zu beachten: quattuor aber quārtus quīnque mit seinen Ableitungen quīndecim quīntus u. s. w. ūndecim ūndē-vīgintī, mīlle (mīlia) mīllēsimus u. s. w.

§ 5.

Pronomina.

1. nōs vōs, aber nostrī vestrī noster vester.

2. hīc haec Acc. hunc hanc.

Bei Plautus oft verkürzt, z. B. Amph. 916, Stich 517, 611, Mil. 1008, 1138, Poen. 4, 2, 96; 5, 6, 28.

3. Masc. īdem, Neutr. idem, Plur. eidem eīsdem und īdem īsdem.

4. ille ipse iste.

5. quīcunque quaecunque quodcunque quāliscunque u. s. w.

6. In der Zusammensetzung bleibt die frühere Quantität: quisquis quidquid und quicquid quispiam quisquam quisque cūius-que eōrundem u. s. w.

§ 6.

Konjugation.

A. Stammformen.

1. Die Verbalstämme, welche durch n erweitert sind, haben im Präsens und Infinitiv und den davon abgeleiteten Formen kurzen Vokal, z. B. fundō frangō iungō sternō u. s. w. Langen Vokal haben nūntiō prēndō vēndō.

Auch die andern positionslangen Verbalstämme haben meist kurzen Vokal, z. B. nectō serpō vertō u. s. w.

Langen Vokal haben in der 1. Konjugation: cēssō gūstō iūrgō lāxō lūctor mūssō nārrō ōrnō pūrgō rīxor rūctō tāxō trāctō vāstō;

in der 2. Konj.: ārdeō mīsceō;

in der 3. Konj.: die meisten Inchoativa s. D., ferner compēscō mittō pērgō pōscō sūrgō;

in der 4. Konj.: gārriō nūtriō ōrdior.

2. Die Quantität des Präsensstammes bleibt, aufser wenn er bei kurzem Vokal auf eine media ausgeht und diese im Perfektum oder Supinum Veränderungen erleidet, in allen Formen mit kon-sonantischer Endung dieselbe.

Auszusprechen ist also:

ārdeō	arsī	arsum	ārdēre
faciō	fēcī	factum	facere
frīgeō	frīxī	—	frīgēre

gero	gessī	gestum	gerere
īcō	īcī	īctum	īcere
vīvō	vīxī	vīctum	vīvere.

Die Inschriften bieten fīxo afleicta lúctum scrīptum conscreiptum vīxit veixit.

Ausnahmen:

| dīcō | dīxī | dictum | dīcere |
| dūcō | dūxī | ductum | dūcere |

mit ihren Ableitungen dictiō ductāre u. s. w.

Für diese beiden Verben ist der Wechsel in der Quantität wenigstens für die Kaiserzeit sicher bezeugt durch Gellius und die romanischen Sprachen und ist bei diesen Verbalstämmen auch sonst die Quantität schwankend, vgl. dicāx index -icis dēdicō neben dīcō ēdīcō, ebenso dux ducis ēducō neben dūcō ēdūcō.

3. Endigt der kurze Präsensstamm auf eine Media (b d g) und erfolgt im Perfektum oder Supinum Ausfall oder Assimilation derselben, so wird die Stammsilbe lang.

Auszusprechen ist also:

ago	ēgī	āctum	agere
iungō	iūnxī	iūnctum	iungere
rego	rēxī	rēctum	regere
sedeō	sēdī	sēssum	sedēre
spargō	spārsī	spārsum	spargere
scindō	scidī	scīssum	scindere.

Die ursprünglich vorhandene Media ist im Präsens und Infinitiv geschwunden in den Wörtern

fluo	flūxī	flūxum	fluere
struo	strūxī	strūctum	struere
traho	trāxī	trāctum	trahere.

Dieselbe Quantität haben die Ableitungen, also:

| rēctus | āctiō | scīssor | trāctō u. s. w. |

Die Länge des Stammvokals im Supinum beweist bei diesen Verben Gellius 9, 6: Ab co quod est ago et egi verba sunt quae appellant grammatici frequentativa actito et actitavi. Haec quosdam non sane indoctos viros audio ita pronuntiare ut primam in his litteram corripiant rationemque dicunt quoniam in verbo principali quod est ago prima littera breviter pronuntiatur. Cur igitur ab eo quod est edo et ungo, in quibus verbis prima littera breviter dicitur, esito et unctito quae sunt eorum frequentativa prima littera longa promimus et contra dictito ab eo verbo quod est dico correpte dicimus? num ergo potius actito et actitavi producenda sunt? quoniam frequentativa ferme omnia eodem modo in prima syllaba dicuntur quo participia praeteriti temporis ex his verbis unde ea profecta sunt in eadem

syllaba pronuntiantur sicut lego lectus facit lectito ungo unctus unctito
scribo scriptus scriptito moveo motus motito pendeo pensus pensito edo
esus esito, dico autem dictus dictito facit gero gestus gestito veho vectus
vectito rapio raptus raptito capio captus captito facio factus factito. Sic
igitur actito producte in prima syllaba pronuntiandum, quoniam ex eo fit
quod est ago et actus.

Ebend. 9, 3. Si quis autem est qui propterea putat probabilius esse
quod Tiro dixit, quoniam prima syllaba in lictore sic ut in licio producta
est et in eo verbo quod est ligo correpta est, nihil ad rem istud pertinet,
nam sic ut a ligando lictor et a legendo lector et a viendo vitor et a tu-
endo tutor et a struendo structor productis quae corripiebantur vocalibus
dicta sunt.

Dem entsprechend bieten die Inschriften: áctis redácta exáctus defúnctis
diléctae fúncto seiúnctum adléctus llctor réctor téctor, vgl. auch fóssa
iúnctus léctitō prōtēctor rēctus scindō scissum.

Auch bei Verbalstämmen mit einfachem Konsonanten zeigt sich der Ein-
fluſs der ausfallenden Media, z. B.

cado	cecidī	cāsum	cadere
videō	vīdī	vīsum	vidēre.

Ebenso scheint die Erhaltung des Grundvokals im Supinum der Kom-
posita auf Länge desselben zu weisen, z. B.

	exigō	exēgī	exāctum	exigere
	attingō	attigī	attāctum	attingere,
wie	occidō	occidī	occāsum	occidere

dagegen efficiō excipiō ēripiō u. s. w. schwächen auch im Supinum den Vokal
des Stammverbums.

Daſs auch das Perfektum bei diesen Verben langen Vokal hat, dafür
spricht 1. die Analogie des Supinums, 2. die Formen coniúnxit und réxit,
3. Prisc. 9, 28: in xi terminantia praeteritum perfectum secundae et tertiae
et quartae coniugationis inveniuntur et tunc tantum natura quoque produ-
cunt paenultimam quando sit e ut rego rexi tego texi illicio illexi. illicio
paſst allerdings nicht hierhin, da für eine Verlängerung des Stammvokals
bei Verben deren Stamm nicht auf eine Media ausgeht, sonst jeder Anhalts-
punkt fehlt. illexi ist also entweder später den andern auf exi gefolgt,
oder Priscian schrieb intellego intellexi.

B. Endungen.

1. Die Verbalendungen haben kurzen Vokal vor nt nd ss st.
Auszusprechen ist also:

a)	sunt	sint	erant	essent
	fuērunt	fuerint	fuerant	fuissent
	erunt	suntō		
ebenso	est	estis	fuistī	fuistis
	estō	este	estōte	
	essem	fuissem	esse	fuisse

b) amāvērunt   amāverint   amāverant
amāvistī   amāvistis   amāvissem
amāvisse u. s. w.

sunt sint erant essent erunt können ihrer Herkunft nach nur kurzen Vokal haben, vgl. gr. λέγουσι aus λέγοντι ἦσαν εἶεν, ebenso est ἐστίν, oft mit Aphäresis wie itast multumst, romanisch wie sunt nur mit kurzem Vokal weiter entwickelt, bei Plautus oft verkürzt, z. B. Trin. 630, 668, potest 80, 730, esse 307, 337.

estis estō este wie es (einst ēs) ἐστέ ἔστω ἔστε; die andern Formen von sum sind mit diesen einfachen Formen zusammengesetzt.

Ebenso sind die Formen des aktiven Verbums amāvērunt u. s w. mit den entsprechenden Formen von sum zusammengesetzt, vgl. auch dedisti Plaut. Trin. 129, Men. 689, dedisse Amph. 761, Pseud. 990, Cist. 1, 3, 34. Auch die Zusammenziehung amāssem amāsse aus amāvissem amāvisse läfst auf Kürze des i schliefsen.

c) amant   ament   amantur   amentur
amantō   amandī   amandus u. s. w.

amandus nach Serg. de acc. S. 527 K., Τούενδος CIG 5600, vgl. secundus calendae und den Wechsel von e und u im Part. Fut. Pass. z. B. repetundae potiundus neben potiendus.

d) amāns   amantis.
Vgl. § 1 und § 2, 3.

Ebenso in den übrigen conjugationen: monent moneant legunt lēgistī lēgissem lēgisse u. s. w.

2. Lang auszusprechen ist der Vokal vor ss und st, wenn er durch Synkope eines folgenden vi vor ss oder st zu stehen kommt, also:

amāvissem und amāssem,
amāvistī und amāstī, amāvistis und amāstis, amāvisse und amāsse, ebenso dēlēssem cupīssem petīssem crēssem nōssem nōsse suēssem audīssem.

Vgl. Vel. Long. S. 80 K.

3. Seltenere Formen sind:
accēstis aus accēssistis, trāxe aus trāxisse, extīnxem aus extīnxissem, dīxtī aus dīxistī.

C. Komposita.

1. Die Präposition behält in der Zusammensetzung mit Verben ihre Quantität, wenn sie ganz unverändert bleibt, oder der Endkonsonant sich dem folgenden Konsonanten assimiliert.

2. Dagegen wird der sonst kurze Vokal der Präposition lang,

a) wenn durch die Zusammensetzung nf oder ns zusammen-
kommen, z. B. cōnfundō cōnsūmō;
b) wenn die einsilbige Präposition durch die Zusammensetzung einen Endkonsonanten verliert. Lang sind in
der Zusammensetzung nicht blofs ā (ab) dē ē prō sē,
sondern auch ā (aus ad), cō (aus con), dī (aus dis),
ī (aus in), ās (aus abs), ōs (aus obs), sū sūs (aus sub
subs), z. B. āscendō cōgnōscō dīstinguō īgnōrō āsportō
ōstendō sūscipiō.

Anm. Auch con vor i scheint vielfach lang gesprochen worden zu sein,
vgl. cōniunx und Gellius 4, 17. Die Präposition pro hat allerdings eine kurze
Form neben sich in profārī profugus profundus u. a.

D. Inchoativa.

Die meisten Inchoativa, nämlich alle von Verben der 1. 2.
4. Konjugation abgeleiteten auf -āscō -ēscō -īscō haben langen
Vokal in der Inchoativendung, z. B. labāscō flōrēscō scīscō. Ebenso
haben langen Vokal 1. crēscō cupīscō dīscō fatīscor dēfetīscor
glīscō hīscō resipīscō vēscor, 2. die von Nominibus abgeleiteten
Inchoativa dūrēscō ēvānēscō īgnēscō pīnguēscō u. s. w.

Kurzen Vokal haben nur die von Verbalstämmen der 3. Konjugation abgeleiteten Inchoativa auf -escō -iscō: coalescō gemiscō
ingemiscō tremescō contremiscō vīvescō revīviscō adipiscor indipiscor dēpeciscor expērgiscor nanciscor paciscor proficiscor reminiscor ulciscor.

Gellius 6, 15 H.: „amicus noster homo multi studii atque in bonarum
disciplinarum opere frequens verbum quiesco usitate e littera correpta dixit,
alter item amicus homo in doctrinis quasi in praestigiis mirificus com-
muniumque vocum respuens nimis et fastidiens barbare cum dixisse opinatus
est, quoniam producere debuisset, non corripere. nam quiescit ita oportere dici
praedicavit ut calescit nitescit stupescit et alia huiuscemodi multa. Id etiam
addebat quod quies e producta non brevi diceretur. Noster autem qua est
omnium rerum verecunda mediocritate ne si Aelii quidem Cincii et Santrae
dicendum ita censuissent, obscuturum sese fuisse contra perpetuam latinae
linguae consuetudinem neque se tam insignite locuturum ut absona inaudi-
taque diceret" u. s. w. Wenn auch diese Ausnahme von quiesco für die alte
Zeit sehr unwahrscheinlich ist, so mufs doch, obiger Stelle entsprechend, für
die vokalischen Stämme allgemein lange Inchoativendung angenommen werden;
vgl. crēscō scīscō nōtēscō.
Ebenso weisen die romanischen Sprachen durchweg auf lange Inchoativendung. Auch das Griechische hatte bei vokalischen Stämmen meist langen
Vokal vor der Endung -σκω, vgl. Curtius, d. gr. Verbum I S. 265 ff.
Dagegen bei den von konsonantischen Stämmen der 3. Konjug. abgel.

Inch. ist e i nur Bindevokal und bei einigen Wörtern beweist das Schwanken des Vokals selbst seine Kürze.

E. Unregelmäfsige Verba.

1. possum possumus possunt possim possem posse.

possum ist aus potisum entstanden, vgl. potest potens. Auch nach dem Romanischen o.

2. edo, edis und ēs, edit und ēst, editis und ēstis, ederem und ēssem ēssēs etc., edere und ēsse, editur und ēstur, ederētur und ēssētur. Vgl. Donat. zu Ter. Andr. 1, 1, 54. Serv. zu Verg. Aen. 5, 785.

3. fero fers fert ferre u. s. w., überall e.

4. volo vīs volt voltis vellem velle
nōlō nōllem nōlle
mālō māllem mālle.

5. eo eunt euntō iēns euntis eundī u. s. w. wie B, 1, c.

Komp. rediīstī und redīstī, rediīstis und redīstis, rediīssem und redīssem, rediīsse und redīsse u. s. w., vēnīsse verkauft worden sein, vēnisse gekommen sein.

Folgen ii aufeinander, so ist vor s oder t das zweite i lang, vgl. interieistī CIL I 1202 adiīt Ov. met. 9, 611, ep. ex P. 1, 3, 74, subiīt 1, 4, 46, Verg. Aen. 8, 363, Hor. sat. 1, 9, 21, petiīt Ov. met. 9, 612, Prop. 1, 10, 23, impediīt Val. Flacc. 8, 259. Vielleicht gehört auch die auf Inschriften sehr häufige Schreibung pilssimus hierhin. Zu ī vgl. noch redīsset CIL VI 1318.

6. inquam inquistī inquit.

7. meminī meministī mementō u. s. w.
ōdī und coepī wie lēgī.

§ 7.

Wortbildung.

A. Langen Vokal haben:

1. Die Endungen -ēnsis -ēnsius, z. B. Carthāginiēnsis Hortēnsius, vgl. § 1.

2. Die von Verben abgeleiteten Substantiva auf -ābrum -ācrum -ātrum, z. B. flābrum lavācrum arātrum.

B. Kurzen Vokal haben:

1. Die Endungen -ellus (a um) -illus (a um), z. B. libellus tabella favilla. Langen Vokal haben catēlla stēlla anguīlla Bovīllae hīllae pīlleus ovīllus stīlla suīllus vīlla.

2. Die Endungen -andus -antia -entum (-entia -entium)
-mentum -undus (-bundus -cundus), z. B. nefandus petulantia
silentium secundus hirundō iūcundus, vgl. § 1, § 6, B, 1, c.

3. Die Endungen -ernus (-ernius -ernīnus) -urnus (-urnius
-urnīnus), z. B. hībernus taberna Sāturnus. Langen Vokal hat
vērnus, ebenso hōrnus.

4. Die Endungen -estus (-ester -estris -esticus -estās) -ister
(-istrum) -ustus, z. B. caelestis domesticus tempestās capistrum
venustus. Langen Vokal haben īnfēstus sēmēstris prīstinus
iūstus palūster.

5. Die Endungen -unculus (-unciō) -erculus -usculus, z. B.
ratiuncula paterculus māiusculus. Langen Vokal haben plūsculus
Tūsculum.

Für unculus vgl. Aurunculēius und Coruncānius, auch der Übergang
von o (ration-) in u spricht für Verkürzung des Vokals, wozu die Bedeutung
der Endung mitgewirkt haben mag, vgl. Catullus aus Catōnulus.

6. In den zusammengesetzten Wörtern ist der Bindevokal i
kurz, z. B. nāvifragus lectisternium.

Alphabetisches Wörterverzeichnis*).

A.

Abās -antis.

Abantiadēs.

abdō 3 aus ab-dō.

abdūcō 3.

abiciō 3. u. s. w.

abdōmen.

Abella Ἀβέλλα Strabo 5, 249.

abiēguus vgl. Prisc. 2,63 S. 82 H.

ablēgmina s. A. R. § 1.

abolēscō 3. von abolēre.

abolla ἀβολεῖς sicilisch nach Hesychius, wo o durch die alphabetische Abfolge gesichert ist, ἀβόλλα bei Du Cange.

aborīscor 3. von aborīrī.

abscēdō 3. von abs-cēdō.

absēns -sentis.

absentia.

absque aus abs-que.

abstēmius aus abstēmius mit tēmētum verwandt.

abstinēns -entis.

abstinentia.

absurdus mit sardare == intellegere ver-

wandt, nach dem Lautwechsel von a-u wahrscheinlich u; die erste Silbe ist gekürzt bei Plaut. Capt. 69.

abundō 1. wie unda.

abundantia.

acanthus.

Acarnānēs.

acatalēctus gr. ἀκατάληκτος.

Acca Larentia mit ἄττα verwandt.

Accius.

Acciānus.

accēdō 3. aus ad-cēdō.

accēnseō 2.

accingō 3. u. s. w.

accēnsus accénsus CIL VI 1887, IRN 2532.

accentus von ad und cantus.

accipiō -ēpī -eptum 3, vgl. Plaut.Trin.964.

accipiter nach Analogie von acipēnser gebildet aus Wurzel ac (aciēs acus aquifolius) und pet (πετέσθαι).

accola aus ad-cola.

accrēmentum, vgl. A. R. § 7 B 2.

accerēscō 3. wie accrēvī.

accumbō 3. von cubo abgeleitet, mit kurzer erster Silbe Plaut. Most. 308.

ācer ācris ācre. ācriter.

acerbus Ableitung von einem Stamme acer (mit acus verwandt) mit dem Suffix ba.

acerbitās.

acerra w. d. f. W.

Acerrae Ἀκέρραι Plut. Marc. 6.

acervus von acer mit dem Suffix ua va vgl. acerbus.

acēscō 3. von acēre, s. A. R. § 6 D.

Acestēs Ἀκέστης.

Acesta Ἀκέστη.

Acherōn -ontis Ἀχέρων -οντος.

Acheronteus.

Acheruntīnī.

Achillēs gr. Ἀχιλλεύς

---

*) Von den Kompositis sind aufgenommen: 1) diejenigen, deren Simplex ungebräuchlich ist, 2) diejenigen, welche den Stammvokal des Simplex ändern, 3) diejenigen, welche mit Rücksicht auf die Aussprache der Präposition u. s. w. aufgenommen werden mufsten.

und Ἀχιλεύς, vgl.
Plaut. Merc. 488.
Achradīna.
acipenser ἀκιπήνσερα
Lyd. de mag. 3, 63
S. 257 Bekker, vgl.
Schmitz Beitr. S. 7.
Acmonidēs Ἀκμονίδης
von ἄκμων.
Acontius Ἀκόντιος.
acquiēscō 3. von ad-
quiēre gebildet.
acquirō 3.
Acragās vgl. Ov. Fasti
4, 475.
acrātophorum von ἄκρα-
τος.
acrēdula vgl. Carmen
de philom. (A. L.
Riese 762) 15.
ācrimōnia von ācer.
Acrisius.
Acrisiōnēis vgl. Cha-
ris. S. 12, Diomed.
S. 428, Probus de
ult. syll. S. 256 K.
acroāma von ἀκροᾶσθαι
vgl. Aristoph.
Eccles. 91.
acroāsis.
acroātērium.
Acroceraunius mit ἄκρος
zusammengesetzt.
Acrocorinthus von ἄκρος
und Κόρινθος.
acrostichis ἀκροστιχίς.
ācta āctōrum von āctus
s. ago.
Actaeōn Ἀκταίων von
ἀκτή.
actē gr. ἀκτή mit ἄκρος
verwandt.
āctiō s. ago.
āctitō 1. s. ago.
Actium Ἄκτιον mit ἀκτή
(s. actē) nächst ver-
wandt.
āctor s. ago.
āctūtum von āctu (āc-

tus s. ago) gebil-
det.
adamās -antis.
adamanteus.
additāmentum von addō,
vgl. A. R. § 7 B 2.
ademptiō von adimō.
adeps -ipis.
adhaerēscō 3. von ad-
haerēre.
adimō -ēmī -emptum 3.
wie emo, ἀδεμ-
πτεύειν bei den
Byzantinern.
adipiscor adeptus sum
adipiscī wie apiscor.
adeptiō.
adiūmentum vgl. A.R.§7
B 2.
adiūtrīx -īcis von adiū-
tum.
adliciō adlexī adlec-
tum 3.
Admētus Ἄδμητος ἄδ-
μητος vgl. Aesch.
Suppl. 149.
administrō 1. von ad-
ministrō, mit kurzer
dritter Silbe Plaut.
Ep. 418.
administrātiō.
adolēscō -ēvī -ultum 3.
von ad-olere.
adulēscēns -entis.
adulēscentia.
adpendix -icis wie pen-
deō.
Adrāstus Ἄδραστος ion.
Ἄδρηστος.
Adrāstēa.
Adrāstēus vgl. Stat.
Silv. 1, 1, 52.
adrigō -rēxī -rēctum 3.
wie rego.
adrogāns -antis.
adrogantia.
adscendō -endī -ēn-
sum 3.
adscēnsus -ūs.

adscīscō 3. wie scīscō.
adsentior adsēnsī ad-
sentīrī wie sentiō.
adsēnsus -ūs.
adsideō -sēdī -sēssum 2.
wie sedeō.
adsiduus.
adspiciō -exī -ectum 3.
adspectus -ūs, nach
dem Romanischen e.
adsuēscō 3. wie adsuēvī.
adtingō -tigī -tāctum 3.
wie tangō.
adventus -ūs von ad-
veniō, ἀδούεντος
Dio C. 78, 14.
adulter aus ad-ulter von
demselben Prono-
minalstamme mit
alter.
Aegisthus Αἴγισθος.
aegrēscō 3. von aegrēre.
Aegyptus vgl. Αἴγυπ-
τιος -τιοι Hom. Il.
I 382, Od. δ 83,
127, 229, §263,286.
Aëllō Ἀελλώ.
aenigma vielleicht ī.
aerumna alte Parti-
cipialform wie a-
lumna, dem griech.
-ομένη entspre-
chend.
Aesernia Αἰσερνία Stra-
bo 5, 238, Ptol.
3, 67.
Αἰσερνῖνος Dio Cass.
42, 15.
aeternus aus aeviternus
vgl. A. R. § 7 B 3.
Aethiops -opis.
Āfer Afra Āfrum.
Āfrica Āfricae CIL II
4509.
Āfricānus Āfricanus
CIL VI 2041, 47.
afferō affundō 3. u. s. w. aus
ad-fero ad-fundō.
afficiō -fēcī -fectum 3.

affectō 1.
affīnis aus ad-fīnis.
Āfrānius von Āfer.
Agamemnōn -onis Ἀγαμέμνων.
Aganippē Ἀγανίππη mit ἵππος (equos) zusammengesetzt vgl. Philippus.
Agathoclēs Ἀγαθοκλῆς.
ager agrī.
agrārius.
agrestis ἀγρέστεμ Dioskorid. 4, 22 Kühn, vgl. Quinct. 9, 4, 85.
agricola.
agricultūra (vgl. colo).
agrimēnsor.
agger zu aggerō aus adgero gehörig.
aggredior -grēssus sum 3. aus ad-gradior s. gradior.
āgmen vgl. A. R. § 1.
āgnāscor 3. s. nāscor.
āgnātus.
āgnōmen.
āgnōscō 3. s. nōscō.
āgnitus.
āgnus.
ago ēgī āctum 3. vgl. Gell. 9, 6, áctis CIL VI 1377, 1527 d 59, vgl. exigō redigō.
āctiō.
āctor.
āctitō 1.
Agrigentum.
Agrigentīnus vgl. Lucr. 1, 717, Plaut. Rud. prol. 50 und A. R. § 7 B 2.
Agrippa vgl. Manilius 1, 798, von den Alten mit aeger und partus oder pes zusammengebracht.
Ahenobarbus s. barba.
Aiāx -ācis.
alabaster vgl. oleaster.
alacer -acris -acre.
alacritās.
Alba von albus.
Albīnus von albus.
Albinovānus.
Albis Ἄλβις.
Albius von albus.
Albunea ebenso.
Alburnus ebenso, vgl. A. R. § 7 B 3.
albus mit ἄλφι nahe verwandt.
albeō 2.
albēscō 3.
Alcaeus Ἀλκαῖος von ἀλκή mit ἄλκαρ ἀλέξω verwandt.
alcēdō.
alcēs Elchtier.
Alcēstis Ἄλκηστις, a wie in Alcaeus.
Alcibiadēs.
Alcidēs.
Alcimedōn -ontis Ἀλκιμέδων -οντος.
Alcinous.
Alcmaeōn -ōnis.
Alcmān -ānis.
Alcmēna.
alcyōn -onis.
Alcyonē.
Ālēctō Ἀληκτώ.
Aletrium Ἀλέτριον Strabo 5, 237.
Alexander Ἀλέξανδρος, mit kurzer zweiter Silbe bei Plaut. Bacch. 947, Most. 775.
alga s. algeō.
algeō ālsī ālsum algēre mit ἄλγος ἀλεγεινός verwandt? vgl. A. R. § 6 A 3.
algēscō 3.
algidus.
alga.
alimentum vgl. A. R. § 7 B 2.
aliōrsum aus aliōvorsum.
alīptēs ἀλείπτης.
all- s. adl-.
Āllia richtiger Ālia.
Allīfae?
āllium besser ālium Lauch.
Allobrox -ogis Ἀλλόβρογες Strabo, nach alter Etymologie von allo = alio.
Almō von alere.
almus von alere.
alnus wohl ebendaher.
alo aluī alitum und altum 3.
Alpēs verwandt mit albus, sabellisch alpus.
Alpīnus.
Alphesiboea Ἀλφεσίβοια mit ἀλφάνω ἄλφι verwandt?
Alphēus zu ἀλφ- albus gehörig.
altāre von altus.
alter Comparativ zu alius.
altercor.
alternus.
altrīnsecus.
altilis von alere.
altrīx -īcis von alo altum.
altus.
alumnus Participialform von alo entsprechend gr. -όμενος.
Aluntium Ἀλόντιον Ptol. 3, 4.
alvus von alere.
Amalthēa Ἀμάλθεια zu μαλθακός μαλακός gehörig.

amarautus ἀμάραντος von μαραίνω.

Amāzōn -onis Ἀμαζών vgl. Herodian in Cramers Anecd. Oxon. III S. 293, 10.

ambigō 3. von amb-ago, amb = ἀμφ (ἀμφί) wie ambō.

ambāgēs.

ambiguus.

ambiō 4. wie ambō.

ambō mit omnis verwandt?

Ambracia Ἀμβρακία wohl mit ἀνά zusammengesetzt.

ambrosia gr. ἀμβροσία mit der Verneinungspartikel ἀν zusammengesetzt.

ambulō 1. wohl von am, amb gebildet. In der Volkspoesie so gekürzt, dafs entweder a(m)bulo oder amblo anzunehmen ist.

ambūrō -ūssī -ūstum 3. a wie in ambigō ambulō.

amellus Blume b. Verg. vgl. A. R. § 7 B 1.

āmēns- entis.

āmentia.

āmentum aus ap-mentum vgl. A. R. § 7 B 2.

amiciō -ictum 4.

Amiternum Ἀμίτερνον Strabo 5, 228.

Ammiānus mit amita stammverwandt.

amnēstia gr. ἀμνηστία.

amnis vgl. Charis. S. 11, Serg. de syll. S. 478, vgl. Antemnae.

Amphiaräus Ἀμφιάραος mit ἀμφί zusammengesetzt.

amphibium.

Amphictyōn -onis.

Amphilochus.

Amphiōn -onis.

Amphipolis.

Amphissa.

Amphitrītē, für i vgl. Pind. Ol. 6, 178.

Amphitryōn -ōnis und Amphitruō -ōnis Plaut.

Amphitryōniadës Catull. Ovid.

amphora gr. ἀμφορεύς für ἀμφιφ.

Amphrȳsus Ἀμφρυσός mit ἀνά zusammengesetzt.

amplector amplexus sum 3. von amb-plectō.

amplexus -ūs.

amplus von am- (ambō ἀμφί) abgeleitet.

amplius.

amplificō 1. u. s. w.

ampulla von ampora (amphora) abgeleitet.

amputō 1. aus amb-puto.

Ampsanctus Āmsanctus von amb- und sanctus gebildet.

amurca von ἀμόργη.

amussis.

Amyclae Ἀμύκλαι.

amygdala mittellat. amandola.

Amyntās Ἀμύντας vielleicht ū wie in ἀμύνειν.

Amyntor -oris Ἀμύντωρ ebenso.

anabathrum ἀνάβαθρον wie βάθρον.

Anacharsis Ἀνάχαρσις von ἀνά und χαρ- (χαίρω χάρμα).

Anacreōn -ontis Ἀνακρέων -οντος vgl. Aristophan. Thesmoph. 161.

Anāgnia vgl. Schmitz Beitr. S. 56.

anāgnōstēs ἀναγνώστης anagramma ἀνάγραμμα.

analecta ἀνάλεκτα.

Anaxagorās Ἀναξαγόρας mit ἄναξ zusammengesetzt.

Anaximander Ἀναξίμανδρος ebenso.

anceps -ipitis aus amb-ceps.

ancile aus amb-cile.

ancilla ebenfalls von am amb gebildet, i nach A. R. § 7 B 1.

Ancōna gr. Ἀγκών, a nach dem Umlaut von ancus in uncus.

ancora ebenso.

ancus Ancus ebenso.

Andraemōn -onis Ἀνδραίμων mit ἀνήρ zusammengesetzt.

Andriscus Ἀνδρίσκος von ἀνήρ abgeleitet.

Androgeōs Ἀνδρόγεως.

Andromeda.

Andronicus.

Andros Ἄνδρος.

ānellus von ānulus abgeleitet.

ānfrāctus nach Analogie von īnfrāctus cōnfrāctus.

angiportus -ūs aus ang- und portus gebildet.

Augitia von angō, vgl. Servius zu Aen. 7, 750.

angō ānxī angere mit
ἄγχω ἄχος nächst-
verwandt, vgl. A. R.
§ 6 A 3.

anguis zu angō ἔγχελυς
gehörig.

anguīlla, ī nach dem
Romanischen.

angulus mit angō ancus
uncus nächstver-
wandt.

angustus von angos (an-
gor) gebildet wie
venustus von venus.

Aniēnsis.

animadvertō 3. aus ani-
mum advertō.

animāns –antis.

ann- s. adn-.

Anna Pereuna mit annus
nächst verwandt.

anne wie an.

annōn.

Annius wohl mit annus
verwandt.

annōna von annus, vgl.
Plaut. Stich. 179
nach d. Handschr.

annus, freilich öfter mit
einem n geschrie-
ben, was auf ā wei-
sen würde, wie in
dem nächst ver-
wandten ānulus.

anquīrō 3. aus amb-
quaerō.

ānsa.

ānser.

antae von ante.

Antaeus Ἀνταῖος von
ἀντί ἄντα.

Antandrus Ἄντανδρος
aus ἀντί und Ἄν-
δρος gebildet.

ante mit ἀντί ἄντα ital.
anter lat. inter in
nahe verwandt.

antecessor von ante-
cēdō.

Antemnae Ἀντεμναι
Strabo 5, 230,
Ἀντέμνα Plut.
Rom. 17, aus ante
und amnis ge-
bildet.

antenna von antenn- in-
tendō ἀνατείνω, ἀν-
τένα D. C.

Antēnor Ἀντήνωρ mit
ἀντί zusammenge-
setzt.

anticipō 1. von ante und
cap- (capiō).

antīcus von ante.

Antigonē Ἀντιγόνη mit
ἀντί zusammenge-
setzt.

Antilochus.

Antimachus.

Antiochus.

Antiochīa.

Antiopa.

Antiphatēs.

antīquus von ante.

Antissa, -issa jedenfalls
kurze Endung wie
in Amphissa.

antistes von ante und
sta-, Ἀντέστιος CIG
3336, Ἀνθέστιος
Ἐφ. ἀρχ. 2253 und
Diod. 15, 51.

Antium zu ἀντί ante ge-
hörig.

Antōnius.

antrum ἄντρον.

ānxius von ānctus ānxus,
Partizipialbildung
zu angō, vgl. A. R.
§ 6 A 3.

Ānxur, auf Münzen Axur,
wohl zu ānxius ge-
hörig, die vols-
kische Stadt hiefs
später Tarracina,
welchen Namen
schon die Alten
dem griechischen

Τραχίν gleich-
setzen.

Apellēs Ἀπελλῆς.

Āpennīnus Ἀπέννινα
ὄρη.

aper aprī.

aprīnus.

aperiō -cruī -ertum 4.

apex -icis.

apiscor aptus sum apiscī,
Verbalstamm ap wie
aptus zeigt, an ap
trat die Inchoativ-
endung mit dem
Bindevokal i, vgl.
A. R. § 6 D.

aplustre vgl. Lucrez 2,
555, Manilius1,694,
vielleicht Lehnwort
für ἄφλαστον.

Apollō Ἀπόλλων Ἀπἑλ-
λων Aplun.

Apollodōrus.

Apollōnia u. s. w.

apophthegma ἀπό-
φθεγμα.

app- s. adp-.

Appius etymologisch mit
acca atta Accius
Attius nächst ver-
wandt.

Appia.

Appiānus.

Āppulus Āpulus vgl.
Āpūlia.

Āppulēius Āpulēius.

aprīcus vgl. Verg. Aen.
6, 312.

Aprilis vgl. Hor. c. 4,
11, 16.

aprūgnus von aper.

Apsus Ἄψος.

aptus von apiscor.

aptāre.

Aquīllius weil daneben
Aquīlius.

Arabs -abis.

Arachnē Ἀράχνη vgl.
Aesch. Agam. 1492.

arātrum wie arātor.
Araxēs.
Arbēla.
arbiter aus ad-bītere.
arbitrium.
arbitror 1.
arbor.
arbustum wie venus-
tus gebildet, vgl.
A. R. § 7 B 4.
arbutum.
area mit arceō arx nächst
verwandt, freilich
árcaeBoissieu Inscr.
de L. S. 279.
arcānus.
Arcadia Ἀρκαδία.
arceō. 2. mit ἀρήγω und
arx nächst ver-
wandt, die Alten
leiteten Luperci
Λούπερκοι (Plut.)
davon ab.
arcera wie arceō.
arcessō und accersō 3.
aus ad und cio
gebildet.
Archiās Ἀρχίας mit
ἀρχή ὄρχαμος nahe
verwandt.
Archilochus.
Archimēdēs.
Archȳtās.
arcitenēns, arquitenēns
wie arcus.
arctus ἄρκτος lat ursa.
arcus -ūs, die blofse
Positionslänge des
a bezeugen Pomp.
S. 126, 7 und
Prisc. de acc. 12,
S. 521, 15 K.
Ardea, durch einen Sohn
der Kirke gegrün-
det, vgl. Verg. Aen.
7, 411, Κίρκος und
d. folg. Wort.
ardea gr. ἐρωδιός.
ardeliō von ārdeō.

ārdeō ārsī ārsum 2. von
āridus ārdus (Luci-
lius).
ārdēscō 3.
arduus mit arbor ver-
wandt.
ārēscō 3. von ārēre.
Arestoridēs Ἀρεστο-
ρίδης.
argentum, a nach Plaut.
Pseud. 378 Curc.
613, e nach A. R.
§ 7 B 2.
argilla mit ἀργός ar-
gentum verwandt,
i nach A. R. § 7
B 1.
Arginūssae Ἀργινοῦσ-
σαι.
Argos Ἄργος.
Argīvus.
Argō.
Argolis.
Argus.
arguō 3.
argūmentum.
Ariadnē Ἀριάδνη Ἀρι-
άγνη.
arista,-ista wohl Endung
wie -ister vgl. A. R.
§ 7 B 4.
Aristaeus Ἀρισταῖος von
ἄριστος gebildet.
Aristarchus.
Aristidēs.
Aristophanēs.
Aristotelēs.
Aristoxenus Ἀριστό-
ξενος.
arma vgl. Charis. S. 11,
Servius comm. in
Don. S. 426, Pomp.
S. 126, Prisc. de
acc. S. 521 K.
Armenia.
armentum zu arma ge-
hörig.
armus zu arma gehörig.
armilla.

Arnus Ἄρνος Strabo 5,
222.
Arpī Ἄρποι Strabo 6,
283.
Arpīnum.
arquātus morbus.
arr- s. adr-.
Arrūns und Ārūns -untis.
Ārruntius.
ars artis vgl. Diomed.
S. 431 K.
artifex -icis u. s. w.
Artaxerxēs Ἀρταξέρ-
ξης.
Artaxata.
Artemis.
Artemīsium.
artus -ūs Glied, mit arma
stammverwandt.
articulus.
artus eng, erst arctus
von Wurzel arc wie
area.
Arvernī Ἀρούερνοι Stra-
bo 4, 189.
arvīna vielleicht ver-
wandt mit haruspex
aruspex.
arundō vgl. A. R. § 7
B 2.
arvus arvum von arāre,
vgl. Audax excerpta
S. 328 K. freilich
árvális CIL VI 913
auf amtlicher In-
schrift der ersten
Kaiserzeit.
arx vgl. Pomp. S. 130 K.
as assis, davon cen-
tussis.
āscendō -endi- ēnsum 3.
aus ad-scandō.
Ascanius.
āscia aus axcia mit ὀξύς
ἀξίνη verwandt,
vgl. Sēstius.
Āsclēpiadēs von Ἀσκλή-
πιος Αἰσκλά-
πιος.

Ascra Ἄσκρα.
Āsculum wegen der inschriftlich beglaubigten Form Ausculum vgl. Osculana pugna, also wohl Ἄσκλον bei Strabo 5, 241 zu schreiben. asellus von asinus.
Aspasia.
asper vgl. Diomed. S. 432 K.
asprētum.
āspernor 1. aus ā (ab) und spern-gebildet.
āsportō 1. aus absportō.
ass- = ads-, doch steht bei Plautus Poeu. 1, 2, 67 assum (adsum) als gleich-. lautend mit āssum dem Gegensatze von ēlīxum.
asser von ad und serere gebildet.
assir Blut gr. ἔαρ εἶαρ.
āssus aus ārsus von ār- (ārēre ārdēre).
Assyria.
ast vgl. Cled. ars S. 28 K.
Astraeus Astraea Ἀστραῖος Ἀστραία von ἀστήρ vergl. astrum.
astrum ἄστρον, a prothetisch von W. ster (stēlla).
astu ἄστυ.
āstus -ūs wohl aus axtus (w. Sēstius aus Sextius) und mit ὀξύς verwandt.
āstūtus.
Astyanax -actis Ἀστυάναξ von ἄστυ und ἄναξ (ἄνακες).
Atalanta vom Stamme τάλαν.

Marx, Hulfsbuchlein.

Atax -acis.
Ātella Ἀτέλλα Strabo 5, 249, „Schwarzburg".
Ātellāna.
āter ātra ātrum. ātrāmentum.
Aternum Ἄτερνον Strabo 5, 241.
Athamās -antis.
Athēniēnsis.
āthla ἆθλα.
āthlēta.
āthlēticē.
Atlās -antis vgl. Ov. met. 4, 772.
atque aus ad-que.
atquī aus at-quī.
Atreus.
Atrīda vgl. Prop. 3, 14, 1 Haupt.
ātrium nach Serv. zu Verg. Aen. 1, 726 von āter.
ātriēnsis vgl. Plaut. As. 264, 334, 347, 352.
atrōx -ōcis vgl. Hor. c. 1, 15, 27.
Attalus.
attamen.
attegia von ad und tegere.
att- = adt-, attollō aus ad-tollō u. s. w.
Atticus Ἀττικός.
Attis Ἄττις u. Ἄτυς.
auceps -ipis.
auctōrāmentum vgl. A.R. § 7 B 2.
audāx -ācis.
audācter.
Avellānae von Abella.
Aventīnus Ἀυεντῖνος Dionys. Ἀβεντῖνος Plut.
Avernus Ἄορνος Strabo 5, 244.
Āverruncus von āvertō

abgeleitet, -uncus wie -unculus A. R. § 7 B 5.
auferō abstulī ablātum auferre, abstulī mit kurzer erster Silbe Plaut. Aul. 645.
augēscō 3. von augēre.
augmentum vgl. A. R. § 7 B 2.
augustus v. augur, vgl. Αὐγοστησίων συναγωγή CIG 9902.
avonculus vgl. -unculus A. R. § 7 B 5.
aurifex -icis.
Auruncus Aurunca vgl. Ausones Αὔσονες.
Aurunculēius, Αὐρογκοληΐος b. Max. Plan. im Cäsar, so nach handschriftlicher Spur auch Polybius 33, 1, 2.
auscultō 1. von auricula abgeleitet, auch nach dem Romanischen u.
auspex -icis.
autumnus Participialbildung wie alumnus, gr. -όμενος.
āxāmenta von Wurz. ag sagen, ā nach Analogie von A. R. § 6 A 3.
āxilla Deminutiv von āla Achsel vergl. Schmitz, Beiträge S. 47 f. und A. R. § 7 B 1.
āxis von Wurzel ag führen, vergl. ago āctus, freilich später a vgl. Charis. S. 11 u. 12, Diomed. S. 428 K.

2

B.

bacillum Stöckchen De-
miuutiv von bacu-
lum.
Baetra *Βάκτρα*.
balatrō vgl. Hor. sat.
1, 2, 2.
balbus Balbus *Βάλβος*.
balbūttiō und balbūtiō 4.
Balliō.
ballista von *βάλλω* ab-
geleitet.
balneum neben balineum
(Varro u. a.).
balsamum.
balteus.
bambaliō Reduplikation.
Bandusia *Πανδοσία* doch
wohl vom Stamme
παν
Bautia.
barathrum vgl. Vergil
Aen. 3, 421.
barba vgl. imberbis.
Ahenobarbus *Ἀηνό-
βαρβο;* Plut. Aem.
25.
barbātus u. s. w.
barbarus gr. *βάρβαρος*
Reduplikation, vgl.
βορβορύζω und *βερ-
βερίζω* (Et. M.).
barbitos.
bārdus von bārō.
bārritus neben bārītus
barrus Barrus vielleicht
m. *βαρίς* verwandt.
Bassareus.
Bassus *Βάσσος*.
Bathyllus.
Bebryx *Βέβρυκες*, Gen.
Bebrycis und Be-
bryeis.
Belgae *Βέλγαι*.
Bellerophōn -ōntis *Βελ-
λεροφῶν -ῶντος*.
Bellōna aus Dvellōna
vgl. bellum.
Bellovaci *Βελλουακοί*.

bĕllua und bĕlua.
bellum aus dvellum:
Zweikampf, *Βελ-
λικός* auf Münzen
Mion. 1 386. vgl.
rebellis und A. R.
§ 7 B 1.
bellus aus benulus.
Beneventum *Βενεουεν-
τός Βενεβεντός* Dio
Cass. App.
benignus vgl. Prisc. II,
63 S. 82 H.
Berecyntus *Βερέκυν-
τος*.
bĕssis bēsis aus bi (dvi)
und assis.
Bĕssi bei Herodot und
Dio *Βησσοί*, bei Po-
lybius u. a. *Βέσσοι*.
Bēssus *Βησσός*.
bēstia Bēstia *Βηστίας*
Plut. Mar. 9, Cic.
23.
Betriacum *Βητριακόν*
Plut. Oth. 8, 11, 13.
bibāx -ācis.
bibliothēca bybliothēca
von *βίβλος βυβλίον*.
biceps -ipitis.
bidens entis.
bidental.
biennis wie annus.
bilibris wie libra, vgl.
Plaut. Mil. 853.
Billius Billiēnus wegen
Bilius Biliēnus.
bimēnstris und bimē-
stris.
bipennis bipinnis wie
penna pinna.
birrus burrus wohl aus
πυρρός.
Biturix -igis.
blandus nach Analogie
von amandus vgl.
A. R. § 6 B 1 c.
blatta.
blennus *βλεννός*.

Bocchus Bocchar *Βόκχος*
Strabo 17, 828.
bombyx -ycis *βόμβυξ*.
Borysthenēs *Βορυσθέ-
νης*.
Bosporus *Βόσπορος*.
Bovīllae wie bovīllus
von bovīnus, vgl.
ovīllus suillus.
brācceae brācae, bei He-
sych. freilich *βράκ-
και*.
brācātus.
bracchium gr. *βραχίων*
welches Pollux 2,
138 von *βραχύς* ab-
leitet.
brassica bei Hesych.:
*βράσκη· κραμβη
Ἰταλιῶται*.
brattea.
Brennus *Βρέννος*.
Britannus vgl. Diomed.
S. 526 R. gr. frei-
lich auch *Βρετανοί,
Βρετανίς* Dionys.
Per. 566.
Brixia it. Brescia.
Brontēs *Βρόντης*.
Brundisium *Βρεντέσιον*.
Brundisiui *Βρεντεσῖ-
νοι*.
Bruttii Brittii vgl. *Βρέτ-
τιοι*.
būbrēstis *βούβρησις*.
bubulcus von būbulus,
Βούβολκοι Plut.
Quaest. Rom. 41 S.
275.
bulbus Bulbus *βολβός*,
Βολβός Jos. Ant.
Jud. 14, 10, 13.
bulga.
bulla, Varro hielt es für
βόλλα äol. = *βουλή*
Plut. Quaest. Rom.
101 S. 288 B, auch
nach dem Roma-
nischen u.

büstum wie combūrō combūstum.

Būthrōtum *Βούθρωτον* buxus *πυξός*.

Buxentum vgl. *Βυξεντῖνος* Athen. 1. 27 a.

Byblis *Βύβλις*.

Byllis *Βύλλις*.

Byzantium viell. ȳ.

C.

caballus Deminutiv von cabo cabānus vgl. homo hūmānus, gr. *κάβαλλος, μονοκάβαλος* D. C.

cachinnus, -innus jedenfalls kurze Endung.

Cadmus *Κάδμος* vgl. Pind. Pyth. 8, 47.

caelebs -ibis.

caelestis *Κελεστείνου* CIG 4588, *Κελέστιος* Zos. 4, 16.

caementum vgl. A. R. § 7 B 2.

Caesennius *Καισέννιος* Dio C. 43, 40.

Caesernius *Καισερνίου* CIG 3771 Plut. Symp. 7, 4 S. 702.

Calaber -abra -abrum.

Calabria.

curia Calābra.

calamister und -istrum vgl. A. R. § 7 B 4.

calathiscus *καλαθίσκος*.

calcar von calx Ferse.

calceus ebenso.

Calchās -antis *Κάλχας*.

calcitrō 1. von calx Ferse.

calcō 1. vgl. calx Ferse und den Umlaut in conculcāre prōculcāre.

calculus von calx Stein; auf lässige Aussprache späterer

Zeit und vielleicht ā weist die häufige Variante cauculus, im Ed. Diocl. *καυκουλάτωρ*.

calda u. caldārium aus calida calidārium.

calendae *καλένδαις* Lydus de mens. 4,53,57, de ost. 59 und sonst.

calēscō 3. von calēre.

caliendrum.

calix -icis.

callcō 2. zu callum gehörig.

callidus von calleō.

Calliopē *Καλλιόπη* wie *κάλλος*.

Calliroē.

callis mit *κέλευθα ἀκόλουθος* verwandt.

Callistō *Καλλιστώ* wie *κάλλιστος κάλλος*.

callum wahrscheinlich von ebenderselben Wurzel w. calamus cellere u. a.

Calpurnius *Καλπόρνιος* CIG 4366 w 10, *Καλπύρνις* 6674, *Καλπόρνιον* CIA III 601, 602, 607, *Ἐφ. ἀρχ.* 2764; bei Plutarch Numa 21 wird der Name von *Κάλπος* abgeleitet.

calva wie calvus.

calvēscō 3. von calvēre.

calūmnia wohl durch Contraction aus caluumnia entstanden und Participialbildung zu calvī, vgl. alumnus.

calvus Calvus wie calūmnia, *Κάλβος* bei Plut. Ael.

calx Ferse vergl. *λάξ* und calīga.

---

calx Stein *χάλιξ*.

Calypsō *Καλυψώ* von *καλύπτω*.

Cambȳsēs.

camella von camera.

Camers wie Camerium, *Καμέρτιοι* Pol. 2, 19.

Camillus, ī nach Prob. app. S. 197 K. i nach Mart. Cap. 3, S. 65, 22 Eiss.

Campānī Campānia zu Capua gehörig.

campester von campus, *καμπέστριος* Lyd. de ost. 10, *καμπέστριον* Heron de Chirob. S. 65.

campus mit Capua verwandt, vgl. Campānī und *Μακροὶ Κάμποι* Strabo 4, 216.

cancellī von cancer Gitter, vgl. Frgm. de acc. e cod. Bob. (nunc Vind. XVI) S. 142 Endl. *καγκέλλους* Lyd. de mag. 3, 37.

cancer Gitter m. *κιγκλίς κογχύλη* verwandt.

cancer Krebs mit *καρκίνος κέρχνος* verwandt.

candēla von candeō.

candēlābrum.

candeō 2. vielleicht verwandt mit *κοδομεύς*, vgl. cicindēla Leuchtkäfer und incendō.

candēscō 3.

candidus.

candor.

cānēscō 3. von cānēre.

canistrum *κάνιστρον*, daneben *κάνυστρον* und *κάναστρον*.

canna.

2*

Cannae *Kárrai.*
cano cecini cantum 3.
cantus -ūs.
Cautaber -abri.
Cantabria.
cantharus.
cantō 1. von cano, vgl.
Frgm. de acc. e
codice Bob. (nunc
Vindob. XVI) S. 142
Endl.
capāx -ācis.
capella von cap(e)ra.
capessō 3. von capere.
capillus Deminutiv von
demselben Stamme
wie caput, auch nach
dem Romanischen i.
capiō cēpī captum 3.
captō 1.
capistrum Ableitung von
cap-, vgl. capides.
Cappadox -ocis.
capra wie caper.
caprea vgl. Verg. Aen.
10, 725.
Capreae Juv. 10, 72.
capricornus.
caprificus.
capsa von capiō, aber
καμψαρίῳ für ca-
psario im Ed. Diocl.
und κάμψα Θήκη
Hesych. weisen auf
ā, vgl. λημψ- λημψ-
λήμψεται (CIG 4307
S. 161).
captivus v. capiō cap-
tus.
carbasus.
carbō mit cremāre ver-
wandt?
carbunculus vgl. A.R.
§ 7 B 5.
carcer gr. κάρκαρον,
Reduplikation.
carchēsium καρχήσιον.
cardiacus von καρδία
vgl. κέαρ cor.

cardō mit cor caro ver-
wandt.
carduus vergl. carere
kämmen.
cārex -icis.
cārectum.
carmen aus casmen vgl.
Camēna.
Carmenta Καρμέντα
Καρμεντάλια Plut.
Rom. 21. Lyd. de
mens. 1, S.
Carna z. cardō caro geh.
Carneadēs.
Carnī Κάροι Pol. Str.
Carnūtēs.
caro carnis.
carnārium.
carnifex -icis.
Carpathos.
carpentum κάρπεντον
Dio Cass. 60, 22.
carpō carpsi carptum 3.
cārrus nach der Schrei-
bung καρον im Ed.
Diocl.
cārrūca cārūca nach
καρουχ- Ed. Diocl.
Carthagō.
Carventus Καρουεντός.
caruncula v. caro car(u)-
nis s. A.R. § 7 B 5.
Carystos Κάρυστος.
caseus w.Casinum (forum
vetus), Voc. Κάσκα
Plut. Brut. 17.
Caspius.
Cāssandra Cāsandra vgl.
Tzetzes z. Lycophr.
S. 271 Müller.
Cāssiopē wohl von dem-
selben Stamme wie
Cāssandra.
cassis Helm.
cassis Netz.
Cassius.
cassus κάσσος Suidas.
Castalia.
castaneus.

castellum von castrum,
κάστελλος Hesych.
castigō 1. von castus.
Castor Κάστωρ.
castoreum.
castrō 1. mit κέστρον
Griffel verwandt?
castrum mit casa ver-
wandt, gr. κάστρον
κάστρα.
castrēnsis καστρήσι-
ος D. C.
castus von cas- (carere
kämmen).
catalēcticus καταληκτι-
κός.
cataphracta καταφρά-
κτης.
catapulta καταπέλτης.
cataracta καταράκτης.
catasta von κατά und
στα-.
catēlla aus catēnula.
catellus von catulus.
caterva wie Minerva u. a.
cathedra καθέδρα.
catillus von catinus.
Cātillus vgl. Cātilī Hor.
c. 1, 18, 2.
Catullus vgl. Diomed.
S. 431, 27 K. und
Serg. de acc. S.483,
18 K.
caudex -icis.
caverna von cavos, vgl.
caterva.
cavillor 1. vgl. cavillā-
tiō mit gekürzter 2.
Silbe Pl. Truc. 3,
2, 17 und Stich.
226.
Caystrus Κάυστρος.
Cebrēnis Κέβρην Strabo
13, 607.
Cecrops -opis Κέκροψ.
cēdō cēssi cēssum 3.
cēssiō.
cedrus κέδρος.
celeber celebris celebre.

celebrō 1. vgl. Verg.
Aen. 1, 735; 3, 280.
cella mit oe-culere clam
verwandt, vgl. κέλ-
λιον κελλάριος Κεν-
τουκέλλαι (Centum-
cellae) Σύγκελλος.
celōx- ōcis.
celsus mit ex-cellere
nächst verwandt,gr.
Κέλσος z. B. CIA III
1202 25, 29, 152.
Celtae Κέλται.
Celtibērī Κελτιβῆρες.
Cenchreae Κεγχρεαί.
Cenchrēis.
cēnseō 2.
cēnsor osk. keenzstur,
κήνσωρ Lyd.demag.
1, 39, 43.
Cēnsōrīnus Κηνσωρῖ-
νος Plut. C. Mar-
cius I, vgl. CIA III
add. 68 c.
cēnsūra κηνσούρα Ld.
de mag. 1 epit.
cēnsus -ūs κῆνσος
Lyd. de mag. 2, 30,
CIG 3497, 3751.
centaurus κένταυρος.
centiceps -ipis vergl.
centum.
centō κέντρων Eustath.
κέντων Polyb. 28,
11, κεντών Suid.
centrum κέντρον.
centum κεντηνάριοι Lyd.
de mag. 3, 7, 21, auch
nach dem Romani-
schen c.
centumvir.
centuria κεντυρία CIG
4716 d 47, 5074,
5081, κεντουρία
5046.
centuriō κεντυρίων
CIG 4963, κεντουρί-
ων Polybius und
Lydus.

centussis vgl. as assis.
Cēphīssus besser Cēphī-
sus, Κηφισός vgl.
Κηφεισιεύς CIA
III 111432, 112023,
116411 und sonst.
cerastēs κεραστής von
κέρας.
Cerberus Κέρβερος.
Cercōps -ōpis Κέρκωψ.
cerebrum vgl. Hor. sat.
2, 3, 75.
cernō 3. zu certus ge-
hörig.
cernuus mit cerebrum
nahe verwandt.
cerrītus aus cererītus,
vgl. lāruātus lym-
phāticus.
certus, byz. κέρτον, auch
u.d.Romanischen c.
certāmen.
certāre.
cervīx-icis mittelgriech.
κερβικάριον u. κερ-
βούκολος.
cervīcal.
cervus mit cornu ver-
wandt, span. ciervo.
cēssō 1. von cēdō.
Cestius Κέστιος.
cestrum κέστρον.
cestus Gürtel κεστός.
cētra.
cette Plur. von cedo.
Ceȳx -ȳcis.
Chalcēdōn -onis Χαλκη-
δών -ονος von χαλ-
κός vgl. χάλυβες.
Chalcis Χαλκίς wie χαλ-
κός s. d. v. W.
Chaldaeus.
Chalybs -ybis.
character χαρακτήρ vgl.
χάραξ χάρακος.
charistia caristia χαρί-
στια.
Charōndās Χαρώνδας.
charta χάρτης.

Charybdis.
chelydrus vgl. Sil. It.
8, 498.
Chersonēsus Χερσόνη-
σος.
Cherūscī? Χερούσκοι.
chiragra besser cheragra
vgl. Mart. 1, 98.
chīrographum.
chīrurgus χειρουργός.
chorda corda von χορ-
δή, κόρδα D. C.
span. cuerda.
Chrysippus vergl. Phi-
lippus.
cicātrīx -īcis.
cicātrīcōsus vgl.Plaut.
Amph. 446.
Cilix -icis.
Cilissa.
Cilla Κίλλα nach Schol.
zu Hom. Il.Λ,38 von
Κίλλος benannt.
Cimbrī Κίμβροι Strabo
7, 291.
cīmex -icis.
Cimmeriī Κιμμέριοι,
nach dem Et. M.
auch Κεμμέριοι.
cincinnus gr. κίκιννος.
Cincinnātus.
Ciucius = Quīnctius von
quīnque? Cinclus
CIL VI 1058, 4, 2,
Cluciae Grut.557,6.
Ciugetorīx -īgis.
cingō cīnxī cīnctum 3.
cingō nach dem Ro-
manischen, cīnxī
cīnctum nach A. R
§ 6 A 3.
cingulum.
cīnctus -ūs.
cīnctūra.
Cinna, Κίννας Plut. Brut.
29.
cinnamum.
Cinyps -ypis nebeu Cī-
nyphus.

cippus auch cīpus.
circa s. circus.
Circē nach den Alten
v. κίρνημι (κεράν-
νυμι) oder κερκίς.
Circēī wie Circē.
circiter w. d. f. W.
circus verwandt m. cur-
vus u. κύκλος (κέρ-
κος κίρκος dor.).
circulus κερκέλλιον
D. C.
circēnsis.
circiter circum u. s. w.
cirrus.
Cirta.
cista κίστη.
cistella.
citharista κιθαρισιής.
citrā vgl. citerior.
citrō.
citrus citreus vgl. Pers.
1, 53.
clandestīnus Ableitung
von clam, vgl. blan-
dus und intestīnus.
clangor gr. κλαγγή wo-
von κλαγερός Anth.
Pal. 6, 109.
clārēscō 3. von cla-
rēre.
clāssis von calāre, mit
clārus clāmō nächst
verwandt vgl. Dio-
nys. Ant. 4, 18.
classicum.
classicus.
clātrī κλῆθρα.
Cleanthēs Κλεάνθης vgl.
ἄνθος.
clēmēns -entis Cléméns
CIL II 4550, Κλή-
μης CIA III 1094
20, 111457, 113823,
vergl. Κλήμεντος
CIG 3757, Κλήμεν-
τι 1829.
clēmentia.
Cleopatra Κλεοπάτρη

vgl. Κλειοπάτρην
Apoll. Arg. 2, 239.
clepo clepsī cleptum 3.
clepsydra κλεψύδρα,
vgl. hydra.
cliēns clientis, κλίεντας
Plut.Rom.13,κλιέν-
της fort. Rom. 10,
Lyd. de mag. 1, 20.
clītellae v. chtra abgl.
vgl. clīnō κλῖμα.
Clīternum Κλείτερνον
Ptol. 3, 1.
Cluentius Κλοέντιος
App. b. civ. 1, 50.
Clytaemnēstra Κλυτια-
μνήστρα.
Cnōssus Κνωσσός.
coalescō 3. von alere
vgl. A. R. § 6 D.
Coccēius Κοκκήιος z. B.
CIA III 571, vgl.
1121 60-62.
coccum κόκκος.
cochlea coclea κοχλίας,
vgl. Hor. sat. 2, 4,
59, Mart. 14, 121.
cochlear coclear vgl.
Mart. 14, 121.
cocles Cocles Κόκλιος
Plut. Publicola 16.
codex -icis.
codicillus byzant. κω-
δίκιλλος.
Codrus Κόδρος.
coerceo 2. wie arceō.
cognātus.
cognomen.
cognōscō cōgnovi cogni-
tum 3. s. nōscō.
cogō coegi coāctum 3.
aus co-ago.
cohors -ortis etymolo-
gisch mit hortus
χόρτος verwandt,
κοόρτις CIG 6771,
Polyb.11, 23, κοόρ-
της Lyd. de mag.
1, 46, vgl. Diomed.

431, 22 K., wird
contrahiert in chōrs
chōrtis vgl. χώριης
CIG 3902 c, 5052
add. 5783 c, ebenso
im Romanischen.
Colchī Κόλχοι.
collābor 3. collocō 1.
u. s. w. aus con-lā-
bor con-loco u.s.w.
Collātia Κολλατία.
Collātinus Κολλατῖ-
ros.
collēcta = conlēcta von
lego lēctus.
collēctiō.
collēga besser conlēga.
conlēgium.
colligō -ēgī -ēctum 3.
s. lego.
collis mit ex-cellere culmus κολωνός ver-
wandt, vgl. Κολλῖ-
νοι, Κολλίνος λό-
φος, Κολλίνη πύλη
u. s. w.
collum mit collis ver-
wandt, bei Plautus
und Catull in Wort-
spielen mit collo-
cāre.
collybus κόλλυβος.
collyrium κολλύριον.
colo coluī cultum 3.
colossus κολοσσός.
coluber colubri.
colubra.
columba, nach dem Ro-
manischen u.
columella voncolum(e)na
abgeleitet.
columna wie columen.
colurnus von derselben
Wurzel wie corulus
abgeleitet.
combūrō -ūssī -ūstum 3.
cōmissor 1. gr. κωμάζω
vgl. μαχανά mā-
china u. a.

cōmissātiō.

comm- aus conm-.

commendō 1. wie mandō.

commentor 1. wie memini comminiscor.

commeō 1. v. con u. meo.

commeātus -ūs κομμίατον Hesych.

commercium aus commerc- s. merx, κομμέρκιον Au. Comm. 6, 5 (5, 287 Bonn.), κομμερκιάριοι C. Porph. de caer. aul. 2, 52 S. 717 Reiske.

comminiscor commentus sum comminisci vgl. A. R. § 6 D.

commenta κόμενια Ld. de mag. 3, 18, 19.

commentāriēnsis κομενιαρίσιος Hesych. κομμενιαρίσιος Lyd. de mag. 3, 4 u. öfter.

comminuus v. commanus vgl. ēminus.

commodus Commodus a. com-modus, Κόμμοδος, κόμοδα Suidas.

commūnis von con und mūnus.

cōmō cōmpsi cōmptum 3.

comp- aus conp-.

compāgēs zu com-paugō gehörig.

compār -aris.

compendium von compendere.

comperiō comperi compertum 4. von comperiō.

compēs -pedis von comped-.

compēscō 3. aus comped-scō zu compēs gehörig.

compingō 3. von compangō.

compitum von com-pitum vergl. perpetuus perpeś, κομπίτους Κομπιτάλια Dionys. Ant. 4, 14.

complector complexus sum 3. von plectō.

con- in Zusammensetzungen, aber cōnfcōus-.

concentus wie concinō.

concha κόγχη.

concilium von con-cilium vergl. domicilium.

conciliō 1.

concinnus aus con-cinnus.

concipiō -cēpī -ceptum 3.

concors -cordis wie cor.

concordia κονκορδία Strabo 5, 214.

conculcō 1. aus concalcō.

concumbō 3. wie cubo.

concupīscō 3. vgl. cupītus cupīdinēs.

condiō 4. spätgr. κονδῖτον = condītum.

condō 3. aus con-dō, vgl. Frgm. de acc. e cod. Bob. (nunc Vind. XVI) S. 142 Endl.

condolēscō 3. von condolēre.

conexus von cō-nectō.

cōnfābulor.

cōnfarreātiō vgl. farīna.

cōnferō contuli conlātum cōnferre.

cōnfēstim von con-fendvgl. īnfēstus manifēstus.

cōnficiō -fēci -fectum 3.

cōnfēcit Cic. or. 48, 159.

cōnfīdō -fīsus sum 3.

cōnfīnis.

cōnfirmō 1. s. firmus.

cōnfiteor -fessus sum 2.

cōnflagrō 1.

cōnflīgō -ixī -ictum 3.

cōnflīctus -ūs.

cōnfluō -ūxī -ūxum 3.

cōnfodiō -fōdī -fossum 3.

cōnfugiō -fūgī -fugitum 3.

congelāscō 3. von congelāre.

congeriēs von con-gero.

congestus ebenso.

congius vgl. gr. κόγχος κογχίον, κογγιάριον Georg. Synk. Chronogr. S. 211 und sonst.

congredior congrēssus sum 3. s. gradior.

congrus γόγγρος Plut. Mor. 1198, 3.

coniciō -iēcī -iectum 3. vielleicht cōn- vgl. A. R. § 6 C Anm.

coniectūra.

coniungō cōniūnxī cōniūnctum 3. vgl. cōniunx und iungō, cōniūnxit Wilm. Ex. inscr. L. 104 S. 29, 21.

coniugium.

cōniunx -iugis, oft coniux z. B. CIL V 2215, 4658, 5388, cóniugi CIL V 1066.

coniūrō 1. vielleicht cōnvgl. A. R. § 6 C Anm.

cōnscius.

cōnscientia.

cōnsecrō 1. von sacro sacer, cónsecratam CIL VI 1527 e 57.

Cōnsentia Κωνσεντία Ptol. 3, 1.
cōnsequor 3.
cōnsiderō 1.
cōnsīdō –sēdi –sēssum 3.
cōnsilium κωνσίλιον Plut. Rom. 14.
cōnsors -sortis.
cōnspiciō -exī -ectum 3.
cōnspectus -ūs.
cōnstāns -antis (Κώνστιας, Κώνσταντος Dio u. a.)
cōnstantia.
Cōnstantinus Κωνσταντῖνος.
cōnsternō l.u.3.s.sternō.
cōnstō 1. cónstó CIL VI 1527 d 64.
cōnsuētudō.
cōnsul cōnsulibus CIL. V 26, 43, cós VI 1030, 1058 u. sonst.
cōnsulō cōnsului cōnsultum 3.
cōnsultō 1.
cōnsultrix -icis.
Cōnsus Κῶνσος Plut. Rom. 14.
Cōnsuālia Κωνσουάλια Dionys. 2, 31.
contāgiō von con-tangō.
contāminō 1.
contāminātio.
contemnō-tempsi -temptum 3. Die Kürze des Vokals im Perf. bezeugt Prisc. de acc. 41 S. 527, 25 H.
contemplor 1. vgl. templum.
contentus von contineō.
conticēscō 3. von con-tacēre.
contiguus vgl. contingō.
continens -entis.
continentia.
contingō -tigī -tāctum 3. von con-tangō.

continuus zu contineō gehörig.
cōntiō contrahiert aus cōventiō, coventionid S. C. de Bacch.
contrā von con abgeleitet, vgl. span. incuentro.
contrēctō 1. wie trāctō.
contremiscō 3. vom Verbalstamme trem-, vgl. tremescō und A. R. § 6 D.
controversia s. vertō.
contubernium von taberna abgeleitet, gr. κοντουβέρνιον κοντουβερνάλιος.
coutumāx -ācis κοντόμαξ D. C.
contumēlia κοντομελία D.C., mit contus zusammengebracht bei Petron sat. 56.
contus κοντός.
convalēscō 3. von convalēre.
conventus -ūs von convenio, κομβέντος Lydus de mens. 1, 26.
convexus altes Particip aus convectus geb. s. veho.
convicium wohl zu vox vocis gehörig.
convīva.
convīvium.
coquo coxi coctum 3. byzant. δεκοκτορεύειν.
cor cordis vgl. concors, auch nach dem Romanischen o.
Coralli Κόραλλοι.
corbis mit κόλπος verwandt.
corbita.
Corbulo Κορβούλων.

Corcyra Κέρκυρα und Κόρκυρα.
cordāx -ācis κόρδαξ.
Corduba Κόρδυβα Strabo 3, 141.
Corfinium Κορφίνιον Strabo 5, 238.
Corinthus Κόρινθος von κορ- (κόρυς κορυφή).
Cornēlius gr. Κορνήλιος z. B. CIA III 1121 7, 68, 1160.
Cornificius Κορνιφίκιος Dio C.
cornix -icis vgl. gr. κορώνη.
cornicula.
cornū gr. κέρας, span. cuerno, vgl. κόρνιξες Lyd. de mag. 1, 46.
corniculum, Corniculum Κόρνικλος St. B. Κορνίκολος Dion. Ant. 3, 50., κορνοκλαρίου (cornuclarii) Kaibel Syll. 353.
cornus.
Cornūtus Κορνοῦτος CIG 3671, CIA III 1169 81, add. 132 b.
corolla aus corōnula.
corpus span. cuerpo.
corr- in Zusammensetzungen aus cour-, s. con-.
corrigia κορυγία D. C.
corrigō -rēxi -rēctum 3. wie rego.
corripiō -ripui -reptum 3. aus con-rapiō.
Corsica Κόρσικα Κορσική Κορσίς und Κύρνος.
cortex -icis w. corium.
cortīna κορτίνα D. C., auch nach den Etymologien von Ser-

vius zu Verg. Aen.
3, 92 u. 6, 347 o.
Cortōna Κόρτωνα.
Coruncānius Κορογκά-
νιος Pol. 2, 8.
coruscus.
corvus span. cuervo,
κόρβος D. C.
Corvīnus Κορβῖνος
Plut. aber Córvinus
CIL VI 2041, 62.
Corybās -antis.
corymbus mit κόρυς κο-
ρυφή verwandt.
Coscōnius Κοσκώνιος
Diod. Plut. App.
Cossus Κόσσος Diod.
Plut.
costa span. cuesta.
costum κόστον.
cothurnus κόθορνος.
Cotta Κόττας Plut. App.
Cottius Κόττιος Strabo
4,178,204, Zonaras
ann. 12, 35.
cōturnix -īcis n. Analo-
gie v. A. R. § 7 B 3.
coxa mit costa und κο-
χώνη nächst ver-
wandt, auch nach
dem Romanischen o.
coxendix -icis wie
appendix.
crābrō vgl. Plaut. Amph.
707.
crambē κράμβη zu κό-
ρυμβος gehörig.
crassus Crassus Κράσ-
σος.
crāstinus von crās.
Cratippus wie Philippus.
creātrīx -īcis w. creātor.
crēber crēbra crēbrum.
crēbrēscō 3. vgl. A.
R. § 6 D.
crēbrō.
crepundia von crep-
(crepere) vgl. A. R.
§ 7 B 2.

crepusculum und Cre-
puscī Ableitungen
von creperus nach
Varro d. l. l. 6, 5.
crēscō 3. wie crēvī,
Κρήσκης CIG 7206,
CIA III 116323, Κρή-
σκηνς CIG 6012 c,
CIA III 106222, vgl.
1994f. 3888, 6249
u. Κρήσκεντι CIG
1994f.
Crēssa Κρῆσσα.
Crēssius Κρήσσιος.
Crētēnsis.
crībrum vgl. Plaut. Most.
55, Rud. 102.
crīspus Crīspus.
Crīspīnus Creispinus
IRN 2795, Κρει-
σπεῖνος CIG 4342
S. 1162 (also auch
Κρῖσπος).
Crissa hess.Crisa,Κρῖσα.
crista κρέστα D. C.
auch nach dem Ro-
manischen i.
crotalistria von crota-
lum abgeleitet vgl.
A. R. § 7 B 4.
Crotōniēnsis.
crueutus von cru- (cruor)
vgl. A. R. § 7 B 2.
crūsta wie crūdus und
crūstum, vgl. span.
crusta.
crūstum crústum CIL I
1199.
crux crucis.
cucullus mit oc-culcre
nächstverwandt.
cucurbita.
culcita.
culex -icis.
culleus wie culullus.
culmen aus columen.
culmus m. κάλαμος u.
culmen nächstver-
wandt.

culpa, einst colpa, auch
nach dem Roman. u.
culter wohl mit gladius
per-culī verwandt.
cultor und cultus von
colo.
culullus Deminutiv von
cul- (culleus).
cunctor 1. zu ὄκνος ge-
hörig? Festus S. 51
stellt cnctio (wofür
auch cuctio) und
cunctor zusammen,
wonach Verrius
Flaccus o und u
in diesen Wörtern
kurz ausgesprochen
zu haben scheint.
cūnctus aus cōiūnctus.
cuppedia neben cupedia.
cupressus κυπάρισσος,
vgl. Verg. Aen. 3,
714; 6, 216.
cuprum.
curculiō und gurguliō it.
gorgogliare, span.
gorgojo, mit circus
curvus nächstver-
wandt.
currō cucurrī cursum 3.
vgl. Frgm. de acc.
e cod. Bob. (nunc
Vindob. XVI) S.
142 Endl).
currus -ūs vgl. curūlis.
cursus -ūs.
Curtius v. curtus, vgl.
Κορτίου CIA III
add. 181 e.
curtus, nach dem Roma-
nischen u.
curvus mit κυρτός u. cir-
cus nächstverwandt,
auch nach dem Ro-
manischen u.
cuspis.
custōs von cūrāre, κου-
στώδης Lydus de
mag. 1, 46.

— 26 —

custodela.
custodio 4.
Cyclas wie Cyclops.
Cyclops -opis vgl. Hor.
c. 1, 4, 7, Ov. met.
3, 305.
cycnus und cygnus κύ-
κνος.
Cydippe -es mit ἵππος
(equos) zusammen-
ges. vgl. Philippus.
cylindrus κύλινδρος.
Cyllene Κυλλήνη mit
κύλιξ verwandt.
cymba cumba zu κύμ-
βος κύβος cubare
gehörig.
cymbium.
cymbalum wie cymba.
Cynthus Κύνθος.
Cyprus vgl. Hor. c. 1, 3, 1.
Cyzicus.

D.
dactylus δάκτυλος vgl.
digitus.
Dalmata.
Dalmatia.
Dalmaticus.
damma besser als dama.
damnum aus damenum
Participialform von
dare entsprechend
διδόμενον.
Daphne Δάφνη wie Δά-
φνις und Δάφνος.
daps dapis.
december von derem,
Δεκέμβριος Dio C.
54, 21, Lydus de
mens. 4, 93, 94, CIG
2712, 3834, 6179
und sonst.
decempeda von decem-
ped-.
decemplex -icis u. s. w.
decens -entis.
decenter.
Decentius Δεκέντιος.

decipio -epi -eptum 3.
declaro 1.
declino 1.
declivis.
decrepitus Plaut.
decumbo 3. wie cubo.
decutio -ussi -ussum 3.
delicio -eci -ectum 3.
defendo -endi -ensum 3.
von de und fendo
= gr. θείνω; für
defendi bezeugt die
Kürze des e Prisc.
9, 29 S. 467, 1 H.
ebenso weist d. Ro-
manische auf Kür-
ze d. Stammvokals;
byzant. δηφενδεύ-
ειν u. δεφένδευσις
D. C.
defetiscor 3. wie fatiscor.
deformis wie forma.
deformo 1.
defunctus defunctis CIL
V 1326.
degredior -essus sum 3.
s. gradior.
degressio.
deinceps Schluss-e wie
in princeps.
delecto 1. von delicio de-
lectum, e auch nach
dem Romanischen.
deligo -egi -ectum 3.
wie lego.
delitesco 3. von de-la-
tere.
Delphi Δελφοί.
delubrum vergl. Plaut.
Poen. 5, 4, 2.
demens -entis.
Demetrius Δημήτριος,
vgl. Plaut. Bacch.
912.
demo dempsi demptum 3.
Democles Δημοκλῆς.
Democritus Δημόκριτος.
Demosthenes Δημοσθέ-
νης.

deus dentis δέντης Plut.
Quaest. symp. 8, 6
S. 727 A, vgl. Beda
S. 230 K., vor nt
auch nach dem Ro-
manischen e.
Deutatus Δεντιᾶτος
Dionys. Ant. 10, 36.
deusus Deusus Δῆνσος
Dio C. 64, 6.
deorsum aus devorsum
s. verto.
depeciscor 3. w. paciscor.
deporto gr. δηπορτᾶτος.
depso 3. δέψω.
descendo -endi -ensum
3. span. desciendo.
desero -erui -ertum 3.
δησέρτωρ D. C.
designo 1.
despicio -exi -ectum 3.
destino 1. aus de-stino
vgl. obstino.
destituo von de-statuo.
detestor 1. s. testor.
detrecto 1. v. de-tracto.
detrimentum von de-ter-,
vgl. A. R. § 7 B 2.
deversor 1. von de und
verto versus.
devexus s. veho vexus.
deunx wie uncia.
dextans aus de-sextans.
dexter vgl. gr. δεξιός,
Δέξτρος Consul J.
196, span. diestre.
dextrorsus aus dex-
trovorsus.
dialecticus διαλεκτικός.
dicax -acis.
dico dixi dictum dicere
s. Gellius 9, 6, pro-
deixerit CIL I 198,
75 b, dlxi Boissieu
Inscr. de L. S. 136,
it. dissi detto dem
dixi dictum genau
entsprechend, vgl.
A. R. § 6 A 2.

dictiō.

dictō 1.

dictitō 1.

Dictaeus *Δικταῖος* zu *ἔδικον* gehörig.

dictātor von dīcō dictum, zu dIctatori CIL I 584 vgl. Wiggert Studien zur lat. Orthoepie S. 16.

dictērium *δεικτήριον*.

Dictynna *Δίκτυννα* zu *δίκτυον ἔδικον* gehörig.

Diēspiter v. d. Alten als pater diēs (= diēī) erklärt.

diff- aus disf-.

differō distulī dīlātum differre.

difficilis aus dis-facilis.

difficultās.

digesta *δίγεστα*.

dīgladior 1. vgl. dīlābor diligō u. s. w.

dignus.

dīgredior -ēssus sum 3. s. gradior.

dilēmma *δίλημμα*.

dīligēns -entis.

diligentia.

dīligō -ēxī -ēctum 3. von dī-lego vgl. A. R. § 6 A. 3, dIléctae Mar. Mon. d. frat. Arv. S. 713.

Dioclētiānus *Διοκλητιανός*.

diplōma vergl. *διπλοῦς* duplus.

Dircē.

dīrigō richtiger dērigō -ēxī -ēctum 3.

dis- in Zusammensetzungen neben dī-, dis-cutiō, dī-spiciō.

disceptō von dis-capiō.

dīscidium w. d. f. W.

pīscindō 3. v. dī-scindō.

discingō -nxī -nctum 3. von dis-cingō.

discipulus wie dīscō.

disciplīna.

dīscō 3. aus diescō vgl.

didici u. doceō *διδάσκω ἐδίδαξα*.

discolor.

discors -ordis wie cor, vgl. concors.

dīscrībō 3. von dī-scrībō.

discus *δίσκος*, auch nach dem Romanischen i.

discutiō -ussī -ussum 3. von dis-quatiō.

disertus.

dispār -aris.

dispendium v. dispendō vergl. compendium.

dispēnsō 1.

dīspiciō -exī -ectum 3. von dī-spiciō.

disputō 1.

dissēnsus -ūs.

dissipō 1. disque supatis Lucr. 1, 652.

dissors -sortis wie sors vgl. cōnsors.

dīstantia von dīstō.

distichus *δίστιχος* vgl. dimeter.

distinguō -nxī -nctum 3. von dī-stinguō mit stilus stimulus īnstigāre verwandt, s. A. R. § 6 A 3.

dīstō 1. aus dī-stō.

dīstringō -nxī -nctum 3. aus di-stringō s. stringō.

dītēscō 3. von dīves divitis (dītis) vgl. A. R. § 6 D.

dīthyrambus *διθύραμβος* vgl. *θρίαμβος* triumphus.

dīverbium wie verbum.

dīversus von dī-vertō.

διβέρσιον Const. Porph. de caer. aul. B. S. 336 Reiske.

dīvortium von dī (dis) und vortō = vertō.

diurnus Ableitung von di- (diēs) vgl. A. R. § 7 B 3, auch nach dem Romanischen u.

diuturnus Ableitung von diut- vgl. diurnus.

doceō docuī doctum 2. doctrīna.

dōdrāns -antis aus dēquadrāns.

Dolābella *Δολαβέλλας*.

dolābra von dolāre vgl. A. R. § 7 A 2.

domesticus *δομεστικός* CIG 1428, 5906, 6289, 5908, 5911.

domitrīx -īcis von domitus.

domnula, domnaedius v. domin-.

dormiō 4. nach dem Romanischen o, *δορμιτώριον* Ed. Diocl.

dorsum vgl. *δειρή*, auch nach dem Rom. o.

drachma *δραχμή*, dracuma Plaut. Pseud. 86, 88, 91 und sonst oft.

Druentia *Δρουεντία* Strabo 4, 179, 185.

Dryops -opis.

ducentī wie centum.

dūcō dūxī ductum dūcere vgl. Gellius 9, 6, it. dussi dotto dem dūxī ductum genau entsprechend, vgl. A. R. § 6 A 2.

ductō 1.

ductus -ūs.

dulcis *δυλκισσίμω* Osann Syll. S. 430, 62 u. *δολκίσιμο* S. 486,

13,vgl. γλυκύς, auch nach dem Roman. u.
Dumnorix -īgis.
dum tāxat s. tāxō.
duplus.
duplex -icis vgl. Hor. c. 1, 6, 7.
dūrēscō 3. von dūrus abgeleitet vgl. A.R. § 6 D.
duūmvir s. A. R. § 2, 1.
dux ducis.
Dymās -antis.
dynastēs δυνάσιης.
Dyrrhachium, jetzt Durazzo.

E.

ēbrius,bei Plautus immer ē vergl. Trin. 812, Men.373,563, Capt. 105,franz. ivre, sp. ebrio.
eburneus Ableitung von ebur.
Ecbatana Ἐκβάτανα.
ecce aus ec-ce, alt eccus mit kurzer I. Silbe Plaut. Cist. 4, 1, 3, Capt.994 und sonst.
ecclesia ἐκκλησία.
Ecetra Ἐχέτρα.
Echecrates Ἐχεκράτης.
echidna ἔχιδνα Ableitung von ἔχις.
eclipsis ἔκλειψις.
ecloga ἐκλογή.
ecquando wie ecce und quando.
ecquis u. s. w. vgl.
ecquid Plaut. Persa 108.
edax -ācis.
ēducātrix -īcis.
eff- aus exf- (ecf-).
efferō.
effingō 3. u. s. w.
effervēscō 3. von exfervēre.

efficāx -ācis.
efficiō -ēcī -ectum 3.
effigiēs.
effringō -ēgī -āctum 3. wie frangō.
egestās wie potestās gebildet.
Egnātius Ἐγνάτιος Dio. C. 5324, 6226, CIA III 18, 111326.
ēgredior -essus sum 3. s. gradior.
ēgregius zu grex gehörig.
Electra Ἠλέκτρα.
ēlectrum ἤλεκτρον.
elegāns -antis.
elementum nach A. R. § 7 B 2.
elephās -antis.
ēligō -ēgī -ectum3.s.lego.
ēlixus wie līxa Wasser.
elleborus helleborus ἑλλέβορος ἐλλέβορος.
ēloquēns -entis.
emāx -ācis.
emblēma ἔμβλημα.
embolium ἐμβόλιον.
ēmendō 1. sp. emicudo, vgl. mendum.
ēminēns -entis.
emo ēmī emptum 3. zwar Ῥεδῆνται CIG 9811, aber vgl. contemnō u. byzant. ἔμπτα, ἐξέμπτην u. a.
emptio.
ēmolumentum vgl. A. R. § 7 B 2.
Empedoclēs Ἐμπεδοκλῆς.
empiricus ἐμπειρικός.
emporium ἐμπόριον.
endo und in Zusammensetzungen = gr. ἔνδον.
Enguīni Ἐγγυῖνοι vgl. Enguium Ἔγγυον.
Enna Ἔρρα Plut. Marc. 20.

Ennius Ἔννιος Strabo 6, 281 Aelian u. a.
ēnōrmis wie nōrma.
ēnsis.
Eutella Ἐντελλα Diod. Sic. 14, 9.
entheātus von ἔνθεος.
Epicharmus Ἐπίχαρμος von χαίρω χάρις.
Epictētus Ἐπίκτητος.
Epidamnus Ἐπίδαμνος.
epidicticus ἐπιδεικτικός.
epigramma ἐπίγραμμα.
epistula ἐπιστολή.
epops -opis.
equester Ἐχουεστρίς Ptol. 2, 9, 21.
Erechtheus Ἐρεχθεύς.
Eretria Ἐρετρία.
ergā wie ergō.
ergastulumv.ἐργάζεσθαι.
ergō aus ē-reg- (rego regiō) also etymolog. ērgō? schon bei Plautus nach handschriftlicher Überlieferung mehrfach mit kurzer I. Silbe, vgl. Trin. 926, Mil. 1008, Persa 85, Merc. 971, Stich. 725, Poen. 4, 2, 59, 71, ebs. Ter. Haut.
Erichthō Ἐριχθώ.
Erichthonius Ἐριχθόνιος = Ἐρεχθεύς.
ērigo -ēxī -ectum 3.
Erinnȳs besser Erīnȳs, gr. ἐρινύς Hom. u. a.
errō 1.ἐρρουσάλοις Lyd. de mens. 4,70,span. yerro.
Erymanthus Ἐρύμανθος zu ἔρυμα ἐρυμνός gehörig.
Erysichthōn -onis Ἐρυσίχθων -ονος.
Erythrae Ἐρυθραί.
Eryx -ycis.

ēscā von ed- (edo) gebildet, auch nach dem Romanischen ē.

ēscendō -endī -ēnsum 3. wie dēscendō.

ēscēnsus -ūs.

Ēsquiliae aus Exquiliae vgl. Sēstius.

Ēsquilīnus 'Ησκυλῖνος Strabo 5, 234, 237.

essedum.

Eteoclēs 'Ετεοκλῆς.

Etrūria 'Ετρουρία Dionys vgl. Verg. Aen. 8, 494.

Etrūscus gr. 'Ετροῦσκοι, aus Etrurseus? vgl. Verg. Aen. 8, 480, Etrūria und Tūscus. etsī.

Enadnē Εὐάδνη vergl. Ariadnē.

ēvalēscō 3. von ē-valēre.

Euander vgl. Serg. de acc. S. 527 K.

ēvānēscō 3. von vānus abgeleitet vgl. A.R. § 6 D.

ēventus -ūs wie ēveniō.

ēverriculum s. verrō.

ēvidēns -entis.

Eumolpus Εὔμολπος.

Eurysthenēs Εὐρυσθένης.

Euterpē Εὐτέρπη.

ex gr. ἐξ, vgl. Plaut. Stich. 716; ebenso i. Zusammensetzungen vgl. Plaut. Trin. 318, 1052, Poen. 3. 4, 23, Terent. Eun. 1, 1, 79, vgl. exercitus.

exāmen.

exanimis u. s. w.

excellō 3. aus ex-cellō vgl. celsus collis.

excellēns -entis.

excelsus.

exeetra vgl. Plaut. Pseud. 218.

excidium wie ex-scindō.

excors -ordis wie cor und concors.

execror 1. wie sacro sacer.

exedra ἐξέδρα.

exemplum zu eximius eximō (ex-emo) gehörig, τῶν ἐξεμπλίων Const. Porph. de caer. aul. B. S. 469, R. ἐξομπλον (f. ἐξεμπλον) Hesych.

exequiae wie ex-sequor.

exerceō 2. aus ex-arceō.

exercitus ἐξέρκιτον Const. P. d. c. a. B. S. 425 2, 427 3, mit kurzer erster Silbe Pl. Amph. 125, 140, 504 n. öfter.

exigō -ēgī -āctum 3. von ex-ago, vgl. Pl. Trin. 1052, exactus Boissieu I. de L. S. 136.

exiguus.

exilis aus exigilis von exigō.

exilium von ex u. solum.

eximius von eximō (ex-emo).

exin von ex und in.

existimō 1. aus ex-aestimō vgl. prīscus occīdō illīdō u. a.

existō 3. aus ex u. sistō.

exitium wie exitus.

exitus -ūs von ex-īre.

exolēscō 3. von ex-olēre.

exordium s. ōrdior.

exostra ἐξώστρα.

expectō 1. von ex-spectō.

expediō 4. 'Εξπεδίτος CIA III 110522, ἐξπεδῖτοι Lyd. d.mag. 1, 46.

expērgiscor experrēctus sum expērgiscī gebildet v. ex-pērg-(perreg-), vergl. pērgō sowie A. R. § 6 D.

experior expertus sum 4. vgl. opperior perītus.

experīmentum.

exprobrō 1. vgl. Plaut. Trin. 318 und probrum.

exta von ex, vgl. auch ἔγκατα.

extemplō zu tempus u. templum gehörig.

exter Comparativ zu ex. extrā, ἐκστράτως (ext. nōs) Gloss. nomicae.

externus.

extrēmus.

extinguō -īnxī -īnctum 3. aus ex - stinguō vgl. dīstinguō.

extīnctiō.

extispex -icis s. exta und A. R. § 7 B 6.

extorris wie terra.

extraōrdinārius s. exter und ōrdo.

extrīnsecus.

extruō -ūxī -ūctum 3. s. struo.

exul wie exilium.

exultō 1. von ex-saliō abgeleitet.

exūstiō von exūrō.

exuviae vergl. induviae Plaut. Men. 191.

F.

fābella von fābula.

faber fabrī.

fabrica.

fabricō 1. und fabricor 1.

fabrīlis.

Fabricius von faber.

facessō 3. von facere.
facio fēci factum 3.
factiō.
factitō 1.
factum, byz. φάκτον.
facultās von facul- (facilis).
fācundus von fā- (fārī) vgl. irācundus und A. R. § 7 B 2.
fācundia.
faenebris wie fūnebris gebildet.
Falcidius zu falx geh.
faleō wie falx.
Falernus Φάλερνος Pol. 3. 90, Φαλέριοι Strabo 5, 226.
Faliscī Φαλίσκοι.
fallō fefellī falsum 3. vgl. fala Novius bei Nonius S. 109, 20.
fallāx -ācis.
falx falcis mit flectō u. φόλκις φολκός verwandt.
Fannius.
fār farris vgl. farīna.
farciō farsi fartum 4. mit frequens verwandt, vergl. gr. φράσσω φάργνυμι und φράγνυμι.
farrāgō von far- (fār farris).
fascia w. fascis vgl. Mar. Victor. S. 15, 19 K.
fascinum, vgl. den Lautwechsel von a—i in praefiscinē.
fascinō 1.
fascis vgl. gr. φάκελος φάσκον sowie den Lautwechsel von a—i in fiscus.
fasciculus.
fāstigātus wie
fāstigium Giebel wohl aus farstigium von

W. bhars (Skr. bhrshti Spitze).
fāstus -ūs Stolz aus farstus = gr. θάρσος.
fāstidium.
fāstus erlaubt von fās.
fāstī -ōrum.
nefāstus.
fateor fassus sum 2.
fatīscō fatīscor 3. v. fati- vgl. adfatim fatigō und A. R. § 6 D.
Faventia Φαουεντία.
favilla von W. fav (foveō) vgl. A. R. § 7 B 1.
fax facis, vgl. Diomed. 431, 17 K.
faxō faxim von faciō.
febris vgl. Plaut. Mil. 720, franz. fièvre.
Februārius von februāre, Φεβρουάριος CIG 6179, 9523, 9785 u. sonst, Plut. Lyd. d. mens. 4, 20; Ovid hat das Wort im 2. Buch der Fasti nicht und februus und februāre nur mit ē.
februō 1. wie februus mit febris nächstverwandt, φεβρουάρος Lyd. de mens. 4, 20, Φεβριάτη Plut. Rom. 21.
fēcundus zu fētus geh. vgl. A. R. § 7 B 2.
fel fellis.
fēlīx -īcis.
fēllō u. fēlō, vgl. θηλάζω.
fēmella von femina.
Fenestella vgl. Ov. Fasti 6, 578 und Φανεσιέλλας Plut. (φενεστέλλαν πύλην f. Rom. 10), Φενεστέλλας Lyd. de mag. 1, 24. 3, 74.

fenestra vgl. Diomedes S. 431, 31; 432, 27 K. und Frgm. de accentu e cod. Bob. (nunc Vindob. XVI) S. 142 Endl. fēstram (aus fēnstram) Ennius S. 186 Vahlen, span. finiestra.
ferāx -ācis.
ferculum von fero.
ferentārius vgl. Plaut. Trin. 456, φερεντάριοι Lyd. de mag. 1, 46.
Ferentīnum Φερέντιον, Φερεντανοί.
Feretrius vgl. Prop. 5, 10, 48.
feretrum vgl. Verg. Aen. 11, 149.
ferme Superl. zu fere.
fermentum aus fervimentum von ferveo, vielleicht ferm-.
fermentō 1.
ferō tulī lātum ferre.
ferōx -ōcis.
ferrum sp. hierro, φερράτα CIG 8853.
ferreus.
ferrarius.
ferrāmentum.
ferrūgō.
fertilis von fero.
ferveō fervī und ferbu. 2. mit febris furo verwandt, auch nach dem Romanischen e.
fervēscō 3.
fervidus.
fervor.
Fescennium w. fascinum.
fescennini versūs.
fessus zu fatīscor defetiscor fatigō gehörig.
fēstinus von fend- fēst-

vgl. cōnfestim in-
fēstus.
fēstīnō 1.
fēstivus von fēstus.
fēstūca Schlägel aus
ferstūca mit ferrum
verwandt? eius mit
fēstūca Strohhalm?
Fēstus, Fésti CIL V
2627, Fústae III
5353, Φῆστος CIG
372, CIA III 635 3,
Strabo5,230u.öfter.
fēstus w. fēriae, it. port.
festa, nur sp. fiesta.
fibra vgl. Manil. 1, 92
u. fiber.
Fibrēnus, ī bei Silius,
jetzt Fibreno.
fictilis v. fictum s.fingō.
ficulnus v. ficus abgel.
fīdentia.
figlīnus vou figulus.
figmentum s. A. R. § 1.
figō fīxī fixum 3. fīxo
Mon. Anc. (CIL III
S. 784 18).
filix (auch felix) -icis.
fimbria wie fibra, vgl.
Varro d. l. l. 5, 79.
findō fidī fissum findere,
vgl. bifidus, auch u.
d. Roman. i, fissum
nach A. R. § 6 A 3.
fingō fīnxī fictum fin-
gere, fingō w. figu-
lus figūra, auch u.
d. Rom. i, fīnxī fic-
tum u. A.R. §6A3.
fictiō.
fictor.
fictrīx -icis.
firmus, fīrmum CIL IV
175, fīrmus VI 1058
3, 55, fīrmi VI 1248,
span. firme.
Firmus, Firmum.
fīrmō 1.
fīrmāmentum.

fiscus vgl. fascis, gr.
φίσκος.
fiscīna.
fiscella.
fissilis von fissum s.
findō.
fistūca == fēstūca.
fistula von fist- == fiss-
(fissus von findō),
ital. fistola, span.
fistola Geschwür,
vergl. osk. Fistlus
Fistluis Fistlois.
flābrum von flāre vgl.
A. R. § 7 A 2.
flābellum.
flaccus Flaccus zu fracēs
geh. gr. Φλάκκος.
flacceō 2.
flaccēscō 3.
flaccidus.
flagellum von flagrum
abgeleitet.
flagellō 1.
flagro 1. vgl. Verg. Aen.
2,685,Georg 1,331.
flagrantia.
flagrum vgl. Plaut.Pseud.
1240, Amph. 156,
vgl. flagellum.
flamma flammeus aus
flag-ma von flag-
(flagro φλέγω).
flammō 1.
flammeum wie flamma.
flāvēscō 3. von flāvēre.
fleetō flexī flexum 3.
φλεξεντιής Hesych.
flexilis.
flexus -ūs.
flīgō flīxī flīctum 3. vgl.
afleicta CIL I 1175.
flīctus -ūs.
floccus span. flueco.
floccidus.
flōrēscō 3. von flōrēre.
flōsculus von flōs.
flūctus-ūs=flūxus s.fluo.
flūctuō flūctuor 1.

fluentumvgl. A. R. § 7 B2.
fluo flūxī flūxum 3. con-
fluges bei Livius
(Nonius S. 62, 20)
beweist den Stamm
flug-, daher flūxī
flūxum nach A. R.
§ 6 A 3, die Ab-
leitungen in den
rom. Sprachen wei-
sen freilich auf u.
flūxus.
focillō besser focilō 1.
fodiō fōdī fossum 3. vgl.
A. R. § 6 A 3.
fossor.
follis φόλεις Procop.
Hist. arc. 25. φόλ-
λεις CIG add. 5008,
byz.τὰ φολερά (fol-
lārēs), sp. fuelle.
fōmentum aus fovimen-
tum vgl. A. R. § 7
B 2.
fōns fontis span. fuente,
vgl. Beda S. 230 K.
fontānus.
Fontēius Φοντήϊος Plut.
App., vgl. Schmitz,
Beiträge S. 31.
forceps -ipis wie fornāx,
nach Paulus Festi
S.84: quod his for-
ma id est calida ca-
piuntur,vgl.θερμός.
forda von fero, Φορδι-
κάλια Lyd. de mens.
4, 49, ebenso Fordi-
cidia.
forēnsis.
Forentum vgl.A.R.§7B2.
forfex -icis wie forpex
forceps.
fōrma, φώρμη und φόρ-
μη Ed. Diocl., ebs.
beides D. C. auch u.
d. Romanischen ō.
Formiae Φορμίαι Str.
Φωρμανοί St. Byz.

formica φόρμιχα und
ὄρμιχας Hesych.
formido 1.z. fremo geh.?
formidō -inis.
förmösus von förma.
förmula von forma.
fornāx -ācis zu ferveō
furnus gehörig.
fornix -icis φορνιχός
Const. P. de caer. a.
B. 1 S. 19 Reiske.
forpex -icis aus forceps
gemacht.
fors fortis wie fortūna
zu fero geh., Τύχην
φόριν καλοῦσιν
Plut. fort. Rom. 5.
forsitan.
forte.
fortässe und fortässis
aus forte an sis.
fortis Φόρις CIG 6297,
Plut. fort. Rom. 5.,
sp. fuerte u. fuerza.
fortuitus wie fors fortis.
fortuna zu fero gehörig,
φορτοῦτα Lyd. de
mens. 4, 62.
fortūnātus Φορτουνά-
τος CIA III 1122 79,
vgl. 1093 31, 1199 7,
CIG 1452.
fortūnō 1.
fossa von fod- (fodio),
ō nach Analogie
von A. R. § 6 A 3.
Der Vokal scheint
früh ins Schwanken
gekommen zu sein,
vgl. φόσσα Plut.
Fab.1,Ptol. III 1, 72,
φῶσσα und φόσσα,
φωσσᾶτον u. φοσ-
σᾶτον D. C. φοσ-
σᾶτον CIG 5187b,
φοσσᾶτον 8691a,
span. fuesa.
frāgmen nach A. R. § 1.
frāgmentum.

fragro 1. w. flagro, vgl.
Cat. 6, S.
frangō frēgī frāctum 3.
frangō wie fragor
fragilis naufragus,
frāctum nach A. R.
§ 6 A 3, vgl. cōn-
fringō cōnfrāctum
u. s. w.
frāctūra.
frāter frātris.
frāterculus.
frāternus.
frātria la.
frātruēlis.
fraudulentus wie lentus.
fraxinus.
Fregellae Φρέγελλα.
Fregellāni Φρεγελλα-
ροί.
fremebundus vgl. furi-
bundus und A. R.
§ 7 B 2.
frendō fresum u. frēssum
3. v. frem- (fremo).
Frentāni ΦρεντανοίPol.
Strabo, Steph. Byz.
frequēns -entis.
frequentia.
frequentō 1.
fricō fricui fricātum und
frictum 1.
frigeō frixi — frigēre
friere.
frigēscō 3.
frigō frixi frictum (fri-
xum) 3. röste.
fringilla vergl. frigit
schluchzet.
fritillus s. A. R. § 7 B 1.
frōns frondis.
frondeō 2.
frondēscō 3.
frondeus.
frōns frontis obgl. frōn-
t(em) CIL V 2915,
vgl. Prisc. S.319 H.
altsp. fruente, vgl.
d. beiden folg. W.

Frontinus Φροντεῖνος
u. Φροντῖνος, CIG
1327, CIA III 698 5.
Frontō Φρόντων CIA III
1113 21, 26, auch in
Texten (Auth. Pal.)
constant.
frūctus -ūs it. frutto sp.
fruto fruta, s. fruor.
frūctuōsus.
frūmentum.
frūmentor 1. φρουμεν-
τάριοι Ld. de mens.
1, 26, φρουμεντα-
ρίον CIG 2802.
fruor fruitus und frūc-
tus sum 3. frūctus
von früg- (frūgālis
frūgēs frugi) vgl
oben frūctus.
frūstrā mit fraus nächst-
verwandt.
frūstrō -or 1.
frūstrātiō.
frūstum ital. frusto, wie
frūstra z. fraus geh.
frutex -icis.
frutectum.
frūx frūgis.
fugāx -ācis.
Fulcinius Φολκιννίου M.
R. Münzw. S. 375.
fulciō fulsī fultum 4.
fulcimen.
fulcrum.
fulgeō fulsi fulgēre vgl.
φλέγειν u. flagrāre,
fulsi nach A. R. § 6
A 3, auch das Ro-
manische weist für
fulgur auf Kürze,
fulgētrum.
fulgidus.
Fulginia.
fulgor, fulgur.
fulix icis.
fullō -ōnis, n. d. Roman.
das auch e. Verbum
fullō 1. bildete, u.

fūlmen aus fulgmen von
fulgeō, ū nach Analogie von fūlsī.
fulmenta aus fulcimenta
vgl. A. R. § 7 B 2.
Fulvius Fulvia *Φολού-*
ϊος CIG 2905, Polyb. 1, 36, *Φολουΐα*
Suidas.
fulvus wie Fulvius.
funda vgl. gr. *σφεν-*
δόνη.
Fundānius.
Fundī jetzt Fondi, vgl.
fundus.
fundō fūdī fūsum 3. gr.
χέω, vgl. fōns fon-
tis.
fundus mit fuo futus
gr. *φύω* verwandt,
vgl. Fundī.
funditus.
fundō 1.
fundāmen.
fundāmentum.
fūnebris vgl. Hor. ep. 1,
19, 49.
fūnestus vgl. honestus
und A. R. § 7
B 4.
fungor fūnctus sum fungī,
défūnctis CIL V
1326, fūncto Bois-
sieu Inscr. de L.
S. 278; von fūnctum
ital. funzione span.
funcion.
fungus ital. fungo, span.
hongo, gr. *σπόγγος.*
fūrāx -ācis.
furca ital. forca span.
horca.
furcilla.
furcula.
furfur Reduplikation, it.
forfora.
furibundus vgl. freme-
bundus und A. R.
§ 7 B 2.
Marx, Halfsbüchloin.

Furnius *Φόρνιος* CIG
5851.
furnus, älter fornus vgl.
forceps u. Furnius,
it. forno, sp. horno.
fūrtum von für fūror,
it. furto, sp. hurto.
fūrtim.
fūrtīvus.
fūrunculus vgl. A. R.
§ 7 B 5.
furvus *ὀρφός?*
fūscina wahrscheinlich
wie fūstis.
Fūscius, Fouscius CIL V
1818 bis, vgl.d.f.W.
fūscus vielleicht aus
furscus (vgl. fur-
vus), ital. fusco.
Fūscus.
fūscō 1.
fūstis, ital. span. porlg.
fuste, fr. fût.
fūstuārium.
fūttilis u. fūtilis von
fundō.

G.

Galba *ὦ Γάλβα* Plut. G.4.
galbus mit gilvus helvus
nächstverwandt.
galbanus.
galla.
Gallaccia.
Gallī *Γάλλοι.*
Gallia.
gallus, öfter in Wort-
spielen mit Gallī.
gallīna.
Gangēs.
gannio 4.
Garamās -antis.
Gargānus, vgl. *γάργαρα*
γέργερα.
gārrio 4. gr. *γηρύω γῆ-*
ρυς.
gārrulus.
Garūnna oder Garūna
Γαρούνας.

Gaudentius *Γαυδέντιος.*
gaudibundus vgl. A. R.
§ 7 B 2.
gaza vgl. Beda S. 230 K.
Gedrōsī *Γεδρωσοί* Str.
Gellius *Γέλλιος* Dio C.
u. Plut. vgl. CIA III
606, 866, constant.
gemebundus vgl. A. R.
§ 7 B 2.
gemellus v. geminus ab-
geleitet, *Γέμελλος.*
gemiscō 3. s. A. R. § 6 D.
gemma *γεμμάταις* Lyd.
de mag. 2, 4.
gemmeus.
gemmō 1.
generāscō 3. vgl. gene-
rātus.
genetrīx -īcis vgl. Verg.
Aen. 1, 590, 689.
Genetyllis *Γενετυλλίς.*
genista ital. ginestra,
span. genesta.
gēns gentis zu genus
genitusgehörig, vgl.
Beda S. 230 K. vor
ut auch nach dem
Romanischen e.
gentīlis *γεντήλιος* D.
C. vgl. *Γεντιανός*
CIG 2208, *γεντιανή.*
geōgraphia *γεωγραφία.*
geōmetra *γεωμέτρης.*
geōrgicus *γεωργικός.*
Gergovia *Γεργοουία.*
Germānus *Γερμανός.*
Germānia *Γερμανία.*
Germānicus *Γερμανι-*
κός.
germānus,*γερμανός*Plut.
Rom. 3.
germānitās.
germen wie germānus.
germiuō 1.
gero gessī gestum 3.
zwar géstum Wilm.
Exempl.inscr.1121,
aber vgl. Gellius

3

9, 6 und Prisc. de
acc. 41 S. 527, 25 K.
gestō 1.
gestus -ūs.
gerrae nach den Alten
= γέρρον.
gerrō wie gerrae.
Gessius Γέσσιος.
gesticulor 1. v. gestus
-ūs.
gestiō 4. von gestus.
gibbus ital. gibbo, span.
giba, ebs. gibber.
gigās -antis γίγας.
giganteus.
gignō genui genitum 3.
gr. γίγνομαι γινο-
μαι, vgl. A. R. § 1.
gilvus = gelvus helvus
wovon Helvius, vgl.
galbus.
gingīva Reduplikation.
giugrīna Reduplikation.
glaber glabra glabrum.
Glabriō.
glabrēscō 3. vgl. A. R.
§ 6 D.
glāns glandis.
glandium.
glandula.
gliscō 3. wie scīscō geb.
glōssārium von γλῶσσα.
glossēma γλώσσημα.
glūbō glūpsī glūptum 3.
glūttiō und glūtiō 4.
glūttus und glūtus
Schluck.
Gomphī Γόμφοι.
Gordiānus Γορδιανός.
Gordium Γόρδιον.
Gorgō Γοργώ.
Gorgoneus.
Gortȳna Γορτύνη.
Gracchus Γράκχος, aber
grāculus.
Gracehānus.
gradior grēssus sum 3.
vgl. A. R. § 6 A 3.
grēssus -ūs.

grāllae von grad- (gra-
dior) wie scāla von
scad- (scandō), vgl.
grāssor.
grāllātor auch grālātor
(glārātor) geschr.
grammatica γραμματική
v. γράφω γράμμα.
grammaticus.
grammatista.
grandis zu grossus geh.
grandēscō 3. vgl. A.
R. § 6 D.
grandiō 4.
grandō vgl. den Vokal-
wechsel von a-u in
suggrunda Wetter-
dach, gr. χάλαζα.
grandinō 1.
grāssor 1. von grāssus
Partic. zu gradior
vgl. A. R. § 6 A 3.
gravēscō 3. von gravis
abgeleitet vgl. A.
R. § 6 D.
grex gregis, vgl. Prisc.
7, 42 S. 322 II.
Grosphus Γρόσφος.
grossus span. grueso.
grūnniō grūndiō 4. it.
grugnire, sp. gruñir.
gryllus γρύλλος.
grȳps grȳpis.
guberno 1. gr. κυβερνῶ,
vgl. Pl. Mil. 1091.
gubernāculum.
gummi κόμμι.
gurges ital. span. gorga,
Reduplikation vom
St. gvor- (voro).
gurguliō vgl. gula.
gurgustium vgl. A. R.
§ 7 B 4.
gūstus -ūs ital. gusto,
span. gusto, vgl. gr.
γεύω.
gūstō 1.
gūstātiō.
gutta it. gotta, sp. gota.

guttur portg. goto, mit
gula vorāre ver-
wandt.
guttus Ölgefäfs wohl wie
gutta, aber bei Ju-
venal gūtus.
gymnasium.
gypsum γύψος.
gypsō 1.

H.

hāctenus bess. hāc tenus.
Hadria vgl. Prop. 1, 6, 1.
Hadriānus.
Hadriāticus.
haerēscō 3. von haerēre.
Haliartus.
Halicarnāssus Ἁλικαρ-
νασσός, Ἁλικαρνα-
σός Ἁλικαρνησσός.
hāllūcinor besser hālū-
cinor 1.
hamadryas ἁμα-δρυάς.
Hamilcar.
Hannibal.
Hannō.
harmonia ἁρμονία.
harpagō wie harpax.
Harpalycē Ἁρπαλύκη
wie d. f. W.
harpax -agis gr. ἅρπαξ
vgl. ἁρπάζω und
rapiō.
harpē ἅρπη wie d. v. W.
harpȳia ἅρπυια wie
harpax.
haruspex -icis, arrespex
CIL l 1348, harispex
1312, 1351, V 99.
haruspicīnus.
haruspicium.
hasta umbr. hostatu =
hastātōs.
hastile.
hebdomas ἑβδομάς.
hebēscō 3. von hebēre.
Hebraeus Ἑβραῖος.
Hebrus Ἕβρος.
hecatombē ἑκατόμβη.

— 35 —

Hector Ἕκτωρ.
Hellas Ἑλλάς.
Hellē Ἕλλη.
helleborus ἑλλέβορος.
Hellēn Ἕλλην.
Hellēspontus Ἑλλήσποντος.
Helvētiī Ἑλουήττιοι Str.
Helviī Ἑλουιοί Strabo.
Helvius Ἑλούϊος Polyb.
Dio C. Ἑλβία Plut.
hēlluō auch hēluō.
helvus helvolus, ἔρβουλος Athen. 27 c.
hēmistichium.
heptēris ἑπτήρης.
Hēraclēa Ἡράκλεια vgl. Herculēs.
Hēraclīda Ἡρακλείδης.
Hēraclītus Ἡράκλειτος.
herba vgl. gr. φορβή, span. hierba.
herbēscō 3.
herbidus.
Herbita Ἕρβιτα.
herciscō 3. sich in etwas teilen, φαμιλιαε ἐρκισκουνδαε byz. vgl. heretum u. A.R.§6 D.
heretum das Erbgut zu herus erus gehörig?
Herculānum Ἡρκουλάνεον Dio C. 66, 23, Ἡρκουλανός auf einer späten Münze Mionnet IV 111, Ἡρκλανός Plut. de se ipso laud. CIA III 1197, s. d. f. W.
Herculēs von Ἡρακλῆς desh. ursprünglich viell. Hērc- aber Herculius Ἑρκούλιος Ἑρκόλιος Zos. Suid. Hist. Gr. fr. 4, 601 b, CIG 373 b, 1081, CIA III 637, Ἐφημ. ἀρχ. 560, Ἑρκουλιανοί Zosimus.

hercle vergl. Ritschl proll.Pl. p.CXXVII.
Hercȳnius Ἑρκύνιος.
Herennius Ἑρέννιος z. B. CIA III 698, 715.
Hērilius Ἡρίλλος.
Hermagorās Ἑρμαγόρας.
Hermēs Ἑρμῆς.
herma.
Hermionē Ἑρμιόνη.
Hermundurī Ἑρμόνδοροι Strabo 7, 290.
Hermus Ἕρμος.
hernia, hirnea von har(haruspex).
Hernicī Ἕρνικοι.
Hērostratus Ἡρόστρατος.
herpes ἕρπης.
Hersilia Ἑρσιλία Dio C. fr. 5, 5, Plut. Rom. 14, 18, vgl. Hora Ov. met. 14, 851.
Hesperus Ἕσπερος.
Hesperia.
Hesperis.
Hesperius.
hesternus wie herī, jedoch hēst- nach Mar. Vict. 15, 15 K.
hexameter -etrī ἑξάμετρος.
hexēris ἑξήρης.
hiāscō 3. von hiāre.
Hibernia Ἰέρνη Ἰούερνοι.
hibernus span. invierno, vgl. A. R. § 7 B 3.
hibernō 1.
hibernāculum.
hibiscum ἱβίσκος.
hibrida bess. hybrida, v. ῦς ὑός (Plin. n. h. 8, 213), ȳ b. Hor. Mart.
hiemps hiemis.
hierophanta ἱεροφάντης.
hīllae aus hīrulae v. hīra vgl. Pl. Curc. 238.
Himella vgl. Ḥimera.

hinc s. Prisc. 15, 17, 18 S. 74, 15 H und Pl. Trin.718,Stich.355.
hinniō 4. vgl. Laevius fr. 10, 6 Müller.
hinnuleus inuleus, ἐνουλεοῦς Hes., viell. ῑ.
hinnus ἵννος w. hinnuleus.
Hipparchus Ἵππαρχος vgl. Philippus.
Hippiās Ἱππίας.
Hippō Ἱππών.
Hippocratēs Ἱπποκράτης.
Hippocrēuē Ἱπποκρήνη.
Hippōnax -actis Ἱππῶναξ -ακτος vgl. Rhinthon bei Heph. S. 6 Westphal.
hircus it. irco sp. hirco, mit hīrtus verw.
Hīrpī Familie in Rom v. hirpus ≡ hirquos.
Hirpīnī von Hīrpī.
hirriō 4. Wortspiel mit irritāta canēs bei Lucilius 19 L.
hīrsūtus von hīrt- hīrs-.
Hirtius von hīrtus.
hīrtus it. irto,port. hirto, mit hircus verw.
hirundō vgl. χελιδών und A. R. § 7 B 2.
hīscō 3. contrahiert aus hiescō vgl. hietāre hiulcus hiāscō.
Hispalis vgl. d. f. W.
Hispānus, i weil auch Spānia neben Hispānia in der späteren Latinität, Σπανία Euseb. de martyr. Pal. 13, 10.
Hispānia.
Hispāniēnsis.
Hispellum Εἰσπέλλον Strabo 5 S. 227.

3*

hĭspidus wohl aus hĭrs-
mit hĭrtus bĭrsūtus
verwandt.

Hĭspō Hĭspulla wie Hĭ-
spellum.

historia gr. ἱστορία it.
storia.

Histrī Ἴστροι.
Histria.

histriō nach Cluvius bei
Plutarch von einem
Ἴστρος benannt.

hiulcus Weiterbildung
vom St. hi- (hio).

hodiernus s. A.R. §7B3.

homunciō s. A.R. §7B5.
homunculus ebenso.

honestus wie modestus
gebildet vgl. A. R.
§ 7 B 4, Gedichte
Ὀνέστου in der A.
Pal.

honestās.

honestō 1.

Hordeōnius Ὀρδεώνιος
CIA III 624.

hordeum, n. d. Roman. o.

Hordicīdia wie Fordi-
Φορδικάλια.

hŏrnus von ans- aur-
(aurōra Aurēlius)?
sicher durch Con-
traction aus ho und
Vokal.

horreō 2. vielleicht mit
χέρσος verwandt.

horrēscō 3.

horridus.

horror.

horreum Ὀρρέα Ptol.
ὄρεα Hesych. ὁρίον
ὁρεῖον byz., freil.
auch ώρ-(Geopon.2,
27 ff. Joh. Moschus
prat. spir. 28 Ros-
weid), ὁρρεοπραι-
ποσιτίαν megar. In-
schr. Foucart ex. d.
inscr. gr. 2, 38, 7.

hōrsum aus hō-vorsum,
vgl. quōrsum.

Horta Ὅρτα Plut. Qu.
Rom. 46 S. 275 E.

Hortalus wie d. f. W.

Hortēnsius Ὀρτήσιοςz.B.
CIA III 10, 105625.

hortor 1. ὁρτάρι Plut.
Qu. Rom. 46 S. 275,
von d. altl. horior,
auch nach d. Rom. o.

hortus χόρτος vgl. Hor-
tēnsius, auch nach
dem Romanischen o.

hospes span. huesped.

hospitium ὁσπήτιον
Suidas.

hostia wie hostis.

Hostilius Ὁστίλιος Pol.
u. Dion. Plut. App.
CIA III 1113 16.

hostis span. hueste, dav.
Hostius u.Hostilius.

hostīlis.

Hostius Ὅστιος.

Hūnnī Hūni Οὖννοι fr.
Huns.

hyacinthus ἱάκινθος, ιν-
θος jdfs. kurze End.

Hyās -antis.

Hyantēs.

Hybla Ὕβλα, immer ȳ
bei Dichtern.

hydra ὕδρα vgl. Soph.
Tr.574, vgl. hydrus.

hydria ὑδρία w. hydrus.

hydrōps -opis s. d. f. W.

hydrus ὕδρος vgl. che-
lydrus.

Hydrūs -ūntis und Hy-
drūntum.

Hyllus Ὕλλος.

Hymēttus Ὑμηττός Str.
vgl. CIA III 740 16.

hymnus ὕμνος.

Hypermnēstra Ὑπερ-
μνήστρα.

Hypsipylē Ὑψιπύλη w.
ὕψος.

I.

Iacchus Ἴακχος = Βάκ-
χος.

iaciō iēcī iactum 3.

iactō 1.

iactātiō.

iactūra.

iambus ἰαμβός vgl. ἰάπ-
τω iaciō.

iānitrīx -īcis Pförtnerin
wie iānitor; ebs. ia-
nitrīcēs εἰνάτερες,
aber wohl a.

lāpyx -ygis.

iaspis.

iātralipta ἰατραλείπτης.

ibex -icis.

ichneumōn -onis ἰχνεύ-
μωνν.ἰχνεύωἴχνος.

īcō īcī īctum 3.

īctus -ūs.

icterus ἴκτερος.

idcircō s. circum.

identidem.

īdyllium εἰδύλλιον De-
minutiv von εἶδος.

iēntāculum w. iēiūnus.

iēntātiō wie d. v. W.

ignārus aus ī (in)-gnārus
vgl. īgnōrō.

ignāvus.

ignāvia.

ignis vgl. A. R. § 1.

ignēscō 3. s. A.R. §6D.

ignōbilis vgl. īgnōrō.

ignōminia vgl. d. f. W.

ignōminiōsus.

īgnōrō 1. wie īgnārus,
vgl. A. R. § 6 C 2 b.

ignōrantia.

ignōscō 3. vgl. īgnōrō
und nōscō.

ignōtus wie īgnārus.

Ilerda Ἴλερδα.

ilex -icis.

īliensis.

īlignus.

Ilissus besser Īlīsus,
Ἰλισός.

ill- in Zusammensetzun-
gen aus inl-.
ille bei Pl. oft verkürzt,
z. B. Trin. 414, 472,
476, Mil. 1231.
illic.
illinc vgl. Prisc. 15,
17, 18 S. 74, 15 H.
illōrsum aus illō-vor-
sum vgl. quōrsum.
Īllyria, Eilluricum CIL I
711 XV, IllYrico-
rum CIL III 4063,
doch Hilurios mit i
Plaut. Men. 235.
Ilva, Elba.
imbēcillus wohl Demi-
nutiv von im-bec-
vgl. A. R. § 7 B 1.
imbellis wie bellum.
imber imbris ὄμβρος,
vgl. Umbrī.
imberbis wie barba.
imbrex -icis von imber.
Imbrus Ἴμβρος.
imbuō 3. von in-buo.
immānis.
immēnsus.
immūnis.
impār -aris u. s. w.
īmmō, daneben īmō, Immo
Mon. Anc. (CIL III
S. 774 26).
impediō 4. vgl. expediō.
impendium wie impendō
s. pendō.
impēnsa.
imperō 1. v. in u. paro.
imperātor.
imperium.
impertiō u. impertior 4.
vgl. partior.
impetrō 1. vgl. Hor.
ep. 2, 1, 137.
impetrābilis.
impetus -ūs von im- pet-
(peto πετέσθαι).
impingō -ēgi -āctum 3.
vgl. pangere.

importūnus von im-port-
s. portō.
impotēns -entis.
impressiō s. premo pres-
sum.
imprīmīs.
impūnis.
incendō -endī -ēnsum 3.
wie candeō, auch
nach dem Rom. e.
incendium.
incēnsus.
incessō 3. v. in-cio geb.
incēssus -ūs v. in-cēdō.
incestus von in-castus,
ἴνκεστον Novellae.
incipiō -ēpī -eptum 3.
von in-capiō.
incōgnitus.
incola v. in-col- (colo).
incrēmentum von in-crē-
s. A. R. § 7 B 2.
inculcō 1. vgl. calcō.
incumbō incubuī incubi-
tum 3. wie in-cubo.
incūs -ūdis von in-cūd-
(cūdō).
incutiō -ussī -ussum 3.
von in-quatiō.
indāgō 1. von ind- (ἔν-
δον) und ag- vgl.
ambāgēs.
indāgō -inis wie d. v. W.
inde vgl. Pl. Persa 394,
Capt. 128, Rud. 960,
Ter. Phorm. 4, 3, 76.
index -icis von in-dic-.
indicium.
indicō 1.
indidem von inde.
indigena vgl. ἐνδογενής.
indigeō 2. v. ind- u. egeō.
indiges -itis w. indigena.
indigus wie indigeō.
indipiscor von ind-ap-
vgl. adipiscor.
indolēs vgl. adoleō.
indulgeō -ūlsī -ūltum 2.
vgl. A. R. § 6 A 3.

induō 3. vgl. exuō.
induperātor f. imperātor.
Indus Ἰνδός.
indūsium v. induō indū-
tum.
industria, wahrschein-
lich ū.
indūtiae, Gell. 1, 25, 13 ff.
ineptus aus in-aptus.
inermis wie arma.
iners -ertis w. ars artis.
inertia.
īnf- vgl. A. R. § 1.
īnfāmia, īnfāmis.
īnfandus s. A. R. § 6 B 1 c.
īnfāns -antis.
īnfantia.
īnfectus von in-factus.
īnfēlīx -īcis, Infelicissi-
mus CIL VI 1632.
īnfēnsus.
īnferō intulī inlātum īn-
ferre Inferendi CIL
VI 2104, 221 b.
īnferus, auf ī weist
aufser Inferior auch
der Ausfall von u
in iferos Or. Henz.
7341 u. IRN 3571.
īnferior, Inferioris
CIL II 4115, Inferior
4510.
īnfernus.
īnfēstus wie īnfēnsus aus
in-fend-tus.
īnfīdus.
īnfimus.
īnfitiae.
īnfitior 1.
īnfōrmis wie fōrma.
īnfortūnium vgl. fortūna.
īnfula.
īnfundō 3.
ingemīscō 3. v. in-gem-
vgl. A. R. § 6 D.
ingenium von in -′gen-
(genitus) vgl. Ter.
Andr. 3, 1, 8.
ingēns -entis.

ingenuus wie ingenium.
ingrātis aus in-grātiis.
ingravēscō 3. von in und
  gravis gebildet vgl.
  A. R. § 6 D.
ingredior ingrëssus sum
  3. vgl. gradior.
ingrëssus -ūs.
inguen sp. engle.
iniciō -ēcī -ectum 3.
  von in-iaciō.
iniūria vgl. Pl. Mil. 5S.
iniūstus vgl. Charis. 11K.
inlecebra vgl. Vergil g.
  3, 217.
inlēx -ēgis ungesetzlich.
inlex -icis verlockend
  vgl. inliciō.
inliciō -exī -ectum 3.
  nach Prisc. 9, 2S
  -ēxī, aber vgl. A.R.
  § 6 A 3.
inlūstris von in - lūc-
  (lūceō lūstrum).
inlūstrō 1.
innōtēscō 3. wie nō-
  tēscō.
inops -opis.
inquam.
inquilīnus Mietswohner
  wie incola.
inquinō 1.
inrītō 1.
inritus aus in-ratus.
ins-.
insānus.
inscendō -cndī -ēnsum
  3. wie scandō.
inscius.
inscrīptiō s. scribō scriptum.
insector 1. s. sector.
insequor 3.
insidior 1.
insignis, Insignibus CIL
  VI 1033.
insigne.
insignītus.
insolēns -entis.

insolentia.
insomnia s. somnus.
insomnium wie d. v. W.
insōns -ontis.
inspiciō -exī -ectum 3.
  Inspexi CIL III 67.
instar.
instīllō 1. vgl. stīlla.
instīnctus vgl. distin-
  guō distīnctum.
instita.
institor.
instituō 3.
instō 1.
instrūmentum, Ινστρου-
  μέντου Lyd. de mag.
  3, 35, Ιστροίμεν-
  τον gloss. nom.
iustruō -ūxī -ūctum 3.
  s. struo.
Insubrēs "Ινσοβροι St. B.
insuēscō 3. s. suēscō.
insula.
iusulsus von in-salsus.
insultō 1. von in-saliō.
insum infuī inesse.
insuper, Insuper CIL VIII
  3334.
intāctus s. tangō tāctum.
integer -egra-egrum von
  in und teg- tag-
  (tangō).
integrāscō 3. vgl. red-
  integrāre.
intellegō -exī -ectum
  3. aus intel(inter)-
  lego, mit verkürzter
  1. Silbe Ter. Eun.
  4, 5, 11 und Phor-
  mio 5, 3, 23, vgl.
  lego und A. R. § 6
  A 3.
intempestus wie inho-
  nestus gebildet, vgl.
  A. R. § 7 B 4.
intentus von in-tendō.
intentiō.
intentō 1.
inter Komp. zu in.

interdiū, interdum.
intereā Ter. Hec. prol.
  2, 34.
interest Ter. Eun. 2,
  2, 2.
interim vgl. Pl. Most.
  1094, Ter. Haut. 5,
  1, 9.
Interamna von inter und
  amn- (amnis) gebil-
  det, 'Ιντεράμνιον.
intermissiō wie mittō
  missum.
internus von inter.
interpellō 1. von inter
  und pellō gebildet.
interpellātiō mit kur-
  zer 1. Silbe Plaut.
  Trin. 709.
interpellātor.
interpres -etis.
interpretor 1.
intertrīmentum vgl. dē-
  trīmentum.
intervāllum vgl. vāllus
  vāllum.
intēstātus s. tēstor.
intestīnus zu intus geh.
  vgl. clandestīnus.
intimus Superlativ zu in.
intrā wie inter, auch
  nach d. Roman. i.
intrō 1. wie inter.
intrōrsum auch intrōsum
  aus intrō-vorsum.
intubus intibum ἔντυβον.
intus von in, auch nach
  d. Romanischen i.
inveterāscō 3. von in-
  veterāre.
invidia von in - videō,
  vgl. Ter. Andr. 1,
  1, 39.
invītus v. in- vi- (ἑκών),
  vgl. Plaut. Poen. 5,
  4, 35.
involūcrum von in-
  volvō, vgl. Plaut.
  Capt. 264.

Iōlcos 'Ιωλκος.
lophōn -ōntis 'Ιοφῶν
-ῶντος.
Iordānēs 'Ιορδάνης und
'Ιόρδανος.
Īphiclēs 'Ιφι-κλῆς.
ipse bei Plautus oft ver-
kürzt, s. Trin. 901 f.
Capt. 276, vulgär
isse.
īrācundus vgl. A. R. § 7
B 2.
īrācuudia.
īrāscor īrātus sum īrāscī
vgl. pāscō.
irr- in Zusammensetzun-
gen = inr-.
irrēpō 3. = inrēpō
u. s. w.
Isocratēs 'Ισοκράτης.
Īspellum s. Hīspellum.
Issa 'Ισσα.
iste bei Plautus oft ver-
kürzt wie Trin. 77,
319; das i konnte
im Volkslat. ganz
abgestofsen werden,
vgl. Lachm. zu Lu-
crez 3, 954 S. 197.
istāc.
istīc aber isticine.
istine vgl. Prisc. 15,
17, 18 S. 74, 15 II.
istōrsum aus istō-
vorsum vgl. quōr-
sum.
Ister 'Ιστρος.
Isthmus 'Ισθμός zu ίέναι
gehörig.
Isthmius.
iubeō iussī iūssum iu-
bēre vgl. A. R. § 6
A 3, auch iubeō
(= iūs habeō) auf
amtlichen Inschrif-
ten lange ioubeo
geschrieben hatte
ursprünglich ū.
iūssū.

iūcundus vgl. A. R. § 7
B 2.
iūcunditās.
iūdex -icis.
iūglāns -andis aus iov
(Iovis)-glāns.
Iugurtha 'Ιογόρθας Diod.
Strabo, Plut. App.
iūmentum zu iugum ge-
hörig vgl. A. R. § 7
B 2.
iūncus Iūncus it. giunco,
sp. junco, 'Ιούγκος
CIA 7020, 6226, add.
622 a bis.
iūnceus.
iuugō iūnxī iūnctum 3.
vgl. iugum cōniungō
und A. R. § 6 A 3,
seiúnctum CIL VI
1527 c, 38, sp. juuto
junta.
iūnctiō.
iūnctūra.
Iūppiter aus Iov-pater,
auch lūpiter.
iūrgō 1. aus iūrigō zu
iūs iūris gehörig,
vgl. obiūrigō Pl.
Merc. 46, Trin. 68,
70 und Ritschl op.
II 426 ff.
iūrgium.
iūriscōnsultus vgl. cōn-
sulō.
iūrisdictiō s. dictiō.
iūsiūrandum vgl. A. R.
§ 6 B 1 c.
Iūstīniānus von iūstus.
iūstitium von iūs.
iūstus von iūs, iústus
CIL II 210, V 5919,
iústi Boissieu I. de
L. S. 278, it. giusto,
sp. justo, fr. juste.
iūstitia.
Iūturna altl. Diuturna
vgl. Varro de l. l. 5,
71 u. A. R. § 7 B 3.

iuvencus wie iuvenis.
iuvenca.
iuvenēscō 3. v. iuvenis
vergl. A. R. § 6 D.
iuventa wie iuvenis.
iuventās ebenso.
iuventūs -ūtis vergl.
Plaut. Most. 30 und
Curc. 38.
iūxtā Superl. zu iūgis.
iūxtim ebenso.
Ixīōn -onis 'Ιξίων -ονος.

L.

labāscō 3. von labāre.
Labdacus, ā wie Lāius?
labefactō 1. s. faciō factum.
lābellum und labellum
Deminutiva v. lā-
brum und labrum.
lābor lāpsus sum lābī.
lāpsō 1.
lāpsus -ūs.
lābrum Becken von la-
vāre vergl. A. R.
§ 7 A 2.
labrum Lippe vgl. Hor.
c. 1, 13, 12, wie
labium Labeō.
labrusca vgl. Serv. zu
Verg. Ecl. 5, 7 so-
wie Nonius S. 449
Mercer.
labyrinthus λαβύρινθος
vgl. hyacinthus.
lāc lactis vgl. γάλα γά-
λακτος.
lactēs.
lactēscō 3.
lacteus.
lacerna Ableitung von
lac- (lacinia) vgl.
A. R. § 7 B 3.
lacertus lacerta Eidechse
wie d. f. W.
lacertus Oberarm von
lac- (liciuus sub-
lica).

lacessō 3. von laciō.

lacrima vgl. Hor. ep. 1, 19, 41.

lacrimō 1. vgl. Verg. Aen. 2, 790; 3, 10.

lactō 1. verlocken wie laciō lactus.

lactūca von lact- (lāc lactis).

Lāertēs Λαέρτης.

laevōrsum aus laevō- vorsum vgl. quōr- sum iutrōrsum.

lambō 3. mit labrum nächstverwandt.

lāmentum s. A. R. § 7 B 2.

lāmentor 1.

lāmna aus lāmina.

lampas λαμπάςν.λάμπω.

Lampōnius osk. Laponis.

Lampsacus Λάμψακος.

lancea λόγχη? λακιάριοι Zosim. 3, 22.

lancinō 1. mit lanius lanio verwandt.

Langobardī Λογγίβαρ- δοι.

langueō 2. zu λαγαρός gehörig.

languēscō 3.

languidus.

languor.

lanista vgl. Frgm. de acc. e cod. Bob. S. 142 Endl.

lanterna wie lampas zu λάμπω gehörig.

lanx lancis mit lacus lacūnar verwandt?

lapillus Deminutiv zu lapis.

lappa.

lāpsus -ūs von lābor.

Lār Lars G. Lartis.

lārdum aus lāridum vgl. Plaut. Capt. 844, 900, Men. 210.

Lārentālia.

Lārentia Λαρεντία Plut.

Rom. 4. Λαυρεντία App.

largus.

largior 4.

largitās u. s. w.

Lārīssa besser Lārīsa Λάρισα.

larix -icis.

lārva aus lārua, vgl. Plaut. Amph. 777, Capt. 595, lāruā- tus Plaut. Men. 890.

Lārunda wie Dēferunda s. A. R. § 7 B 2.

lāscivus von lār- lās- (lārua).

lāscivia.

lāsciviō 4.

lāssus wie lāxus.

lāssitūdō.

lāssō 1.

latebra vgl. Verg. Aen. 10, 601, 663.

latebrōsus.

laterculus von later.

Laterēnsis Λατερήσιος Appian.

latex -icis.

lāticlāvius s. A. R. § 7 B 6.

lātifundium vgl. fundus und Fundī.

lātrīna aus lavātrina, vgl. Pl. Curc. 580.

lātrō 1. belle vgl. oblā- trātricem Plaut. Mil. 681.

latro Räuber, Latro vgl. Hor. ep. 1, 2, 32, Verg. Aen. 12, 7.

latrōcinor 1.

latrunculus vgl. A. R. § 7 B 5.

lavābrum von lavāre, vgl. A. R. § 7 A 2.

lavācrum ebenso.

Laverna Λαβέρνη Plut. Sulla 6.

Laurentum Λαυρεντόν ΛωρεντόνDion. u.a.

Laurentinus Λαυρεν- τῖνος Plut.

lāxus von lag- lang- (langueō), ā n. Ana- logie v. A. R. § 6 A 3.

lāxō 1.

lāxāmentum.

Leander Λέανδρος vgl. ἀνήρ ἀνδρός.

Learchus Λέαρχος vgl. ἄρχω ἄρχων.

lectica vgl. lectus.

lectīcula λεκτιάριοι.

lēctiō s. lego.

lectisternium vgl. lectus sternō und A. R. § 7 B 6.

lēctor s. lego, léctor Jahn spec. epigr. S. 109.

lectus Bett vgl. gr. λέ- χος, auch nach dem Romanischen e.

lego lēgī lēctum 3. s. A. R. § 6 A 3, ad- léctus IRN 1999, dlléctae Marini fr. arv. S. 713.

lēctitō1.ληκτεύεινbyz.

lēctiuncula.

lēctrīx -icis.

lembus λέμβος.

lēmma λῆμμα.

lēmniscus ληνίσκος.

Lēmnos Λῆμνος.

lēns lentis.

lentigō.

Lentinus Λεντῖνος.

lentiscus ital. lentischio, span. lentisco.

LentulusΛέντουλοςPlut. Dio C. Λέντλος CIA III 585 u. s. w.

lentus vgl. Lentulus.

lentēscō 3. s. A. R. § 6 D.

lentitūdō.

lentō 1.

Leontīnī Λεοντῖνοι.

lepista λεπάστη.

— 41 —

Lēpontiī *Ληπόντιοι.*
lepra *λέπρα* Aussatz.
Leptis *Λέπτις.*
Lerna *Λέρνη.*
Lesbus *Λέσβος.*
Lesbiacus.
levāmentum vgl. levā-
men.
Leucippus *Λεύκιππος*
vgl. Philippus.
Leucopetra*Λευκοπέτρα.*
lēx lēgis.
lībāmentum vgl. A. R.
§ 7 B 2.
libella Demin. v. lībra.
libellus Demin. v. liber,
λίβελλος Niceph. u.a.
libēns -entis.
libenter.
liber librī Buch.
librārius Buchhändler.
liber lībera līberum frei.
libertās.
libertus, *Λείβερτος*
CIA III 708 19, 1145
50, *λίβερτος* App.
bell. Mithr. 2.
libertīnus, *λιβερτῖνοι*
Suidas, vergl. CIG
6673.
lībra Wage vgl. Plaut.
Pseud. 816, vgl. lī-
bella und bilībris.
lībrāmentum.
lībrārius der abwägt.
lībripēns.
lībrō 1.
Liburnus *Λιβυρνός* vgl.
A. R. § 7 B 3.
Liburnia.
licentia.
lictor von ligo vergl.
Gellius N. A. 12, 3,
lictor CIL VI 699,
1871, 1881, 1889,
1892, 1900, 1905,
1913, *λιτώρεις* und
λειτουργοί u. Plut.
Quaest. Rom. 67.

lignum.
ligneus u. s. w.
Ligusticus von Ligur
-uris.
Ligustinus wie d. v. W.
ligustrum Hartriegel,
-ustrum jedenfalls
Endg. wie -estris
-ustus u.s.w.(vgl.A.
R. § 7 B 4.) kurz.
līmāx -ācis.
limbus Streifen, Rand,
i nach dem Roman.
limpidus ital. span. ptg.
lindo, vgl. Diez E.
W. I³ S. 250.
lingō līnxī līnctum 3.
vgl. ligūriō und A.
R. § 6 A 3.
lingua wie ligula, auch
nach dem Roman. i.
linquō līquī lictum 3.
vgl. reliquus.
linteus zwar von līnum,
jedoch gr. *λέντιον*
z. B. CIG S695, *λεν-
τιάριος* CIG 275 u.
CIA III116071, 1176
28, 119940 (vgl. Dit-
tenberger de ephe-
bis Att. S. 37) auch
lat. lentea (Hermes
V S. 8), sp. lienzo.
lippus vielleicht mit *λί-
πος λιπαρός* ver-
wandt.
liquēscō 3. von liquēre.
Liternum *Λίτερνον Λεί-
τερνον.*
littera sowie seltener
litera, leiteras CIL
I 19834.
litterātor.
lixa Marketender von
licēre feil sein li-
ceor biete, freilich
λεῖξαι Suidas.
lixa Wasser von liquere
vgl. Corssen, Über

Aussprache u. s. w.
I² 503.
līxīvus ausgelaugt von
līxa.
Locrī *Λοκροί.*
Locris *Λοκρίς.*
locuplēs -ētis vgl. Hor.
sat. 2, 5, 28.
locuplētō 1.
locusta besser lucusta,
-usta jedenfalls En-
dung und zu A. R.
§ 7 B 4 gehörig.
lōdīx -īcis.
Lollius *Λόλλιος* z. B.
CIA III 584.
lōmentum von lavo ab-
geleitet wie lōtus,
vgl. A. R. § 7 B 2.
Longinus *Λογγῖνος Λον-
γεῖνος* Texte (vgl.
Jahns Ausg. π. ὕψ.
p. 73) wie Inschr.
(z B.arch.Mitth.aus
Österr.6,25), *Λογ-
γιανός* u. s. w.
longus Longus, *Λόγγος*
Dionys. App. Jos.
CIA III 1113 7, da-
von das v. W. vgl.
Λόγγολα Dionys.
Ἄλβα λόγγα Diod.
Sic. 7, 3, Dionys.
longīnquus von lon-
gīnus gebildet vgl.
propīnquus.
loquāx -ācis.
loquentia.
lūbricus vgl. Pl. Mil. 852.
lūceō lūxī 2.
Lucerēnsēs *Λουκερήν-
σης* Plut. Rom. 20.
lucerna von luc- (lūc-)
leuchten vgl. A. R.
§ 7 B 3.
lūcēscō 3. von lūcēre.
Lucrētilis vgl. Hor. c. 1,
17, 1.
Lucrētius *Λοκρήτιος*

Dionys. Ant. 10, 7; 11, 15.
Lucrinus *Λοχρῖνος*, vgl. Hor. e. 2, 15, 3.
lucrum vgl. Hor. c. 3, 16, 12; 4, 12, 25.
lucror 1.
lucrōsus.
lūcta franz. lutte, ital. lutta uud lota.
lūctāmen.
lūctor 1.
luctātor.
lūctus -ūs Trauer von lūgeō, lúctumque CIL VI 1527 e 66, lúctu CIL V 337.
lūctuōsus.
lūcubrō 1.
lūcubrātiō.
lūculentus wie lentus.
Lūcullus *Λεύκολλος* bei Strabo, Plut. App. CIA III 562 f. 865.
lūdibrium vgl. Hor. c. 1, 14, 16.
lūdicrus Adj. vgl. Hor. ep. 2, 1, 180.
lūdicrum vgl. Hor. ep. 1, 1, 10.
Lugdūnum aus Lugudūnum.
lūgeō lūxī lūgēre, vgl. lūctus.
lūgubris vgl. Hor. c. 2, 1, 33; 3, 3, 61.
lumbus ital. lombo, span. lomo.
lunter später linter, vgl. gr. πλοῖον.
Luperci *Λούπερχοι* Plut. u. Lyd. Grammatiker *Λοίπερχος* bei Suidas.
Lupercālia *Λουπερχάλια* CIG 2690, Plut. Rom. 21, Ant. 12.
lureō v. lura Schlauch, ob u oder ū unbekt.

lūscinia von lūc- (lūceō lūscus)u.can-(cano)?
lūscus zu lūceō inlūstris gehörig?
lūstrum Sühnung, vergl. Festus z. d. W.
lūstrō 1.
lūstrātiō.
lustrum Pfütze s. Festus z. d. W.
lutra Otter wie d. v. W.
lutulentus wie lentus.
lūx lūcis.
luxus verrenkt λοξός.
luxō 1. λοξόω.
luxātiō.
lūxus -ūs Üppigkeit zu pollūceō gehörig, vgl. λειξουρία und λειξουρεύειν D. C.
lūxuria.
lūxuriō 1.
Lycophrōn -onis *Λυκόφρων* -ονος.
Lycormās *Λυκόρμας*.
Lycūrgus *Λυκοῦργος*.
lympha wie nympha gr. νύμφη; altl. lūmpa vgl. osk. Diumpais und limpidus.
lymphāticus.
Lyncēstae *Λυγκησταί*, vgl. lynx.
Lynceus *Λυγκεύς* wie lynx.
Lyncus *Λύγκος*.
lynx lyncis λύγξ von Wurzel luc- (lat. lūc- lūceō) vgl. *Λύκειος Λυκοῦργος*.
Lȳsander *Λύσανδρος* wie Euander.
Lȳsippus *Λύσιππος* vgl. Philippus.

M.

Maccus.
macellum μάχελλον Plut. NTest.(1.Cor.10,25).

macer macra macrum.
macror macrēsco 3. vgl. A. R. § 6 D.
Macra wohl wie μαχρός.
Macrobius *Μαχρόβιος* von μαχρός.
māctō 1. vom f. W.
māctus von mag- vgl. māximus.
mācte.
madēsco 3. von madēre.
Macander *Μαίανδρος* vgl. Euander.
magisterKomparativbildung zu magis, vgl. d. f. W.
magistra.
magistrātus -ūs wie magister, vgl. Plaut. Persa 76, Rud. 477.
Māgnēs, vgl. A. R. § 1.
Māgnēsia ebenso.
māgnificus.
māgnitūdō.
māgnus maior māximus, māximus Gruter S. 18, 2, vgl. CIL VI 2080 17, auch nach Analogie von A. R. § 6 A 3 wahrscheinlich. In gr. Texten (Plut. u. a.) *Μάγνος* ist incorrect.
māiestās wie potestās.
māiusculus.
maledictiō s. dictiō.
malevolentia.
malignus vgl. Prisc. 2, 63 S. 82 II.
malignitās.
mālle aus ma(gis)velle vgl. māvīs māvolt u. s. w.
malleus zu mola morētum gehörig.
malleolus.
malva wie mollis.
Māmercus *Μάμερχος* Lyd. de mag. 1, 38

— 43 —

Plutarch Numa 21, Aem. 2.

Māmertīnī *Μαμερτῖνοι* vgl. CIA III 696, 1029, 10304, 10314, 10622₂₃,₂₄, auch osk.

mamilla Ableitung von mamma.

mamma vgl. d. v. W.

Mammaea von mamma.

Māmurra wie Māmurius.

manceps -ipis vgl. manus und capiō.

mancipium.

mancipō 1.

Mancīnus von mancus.

mancus zu minor minuō gehörig.

mandō 1. beauftrage von manus Hand.

mandō mandī māusum 3. kaue.

mandūcō 1.

maneō mānsī mānsum 2.

mangō von mag-(magis)?

manifēstus handgreiflich aus mani-fcud-tus vgl. īnfēstus,[mani]-féstum F. Praen. Dec. 1 (CIL I p.319).

manifēstō 1.

Mānlius wie Mānīlius von mānus Mānius.

māusiō.

mānsuēscō 3. w. suēscō.

mānsuētus.

mantēle mantīle zu manus und texō tēla gehörig.

mantica.

Mantinēa *Μαντίνεια*.

Mantō *Μαντώ* vergl. *μάντις*.

manubrium vgl. Plaut. Epid. 525.

manūmittō 3. s. mittō.

manūmissiō.

manūpretium vgl. Plaut. Men. 544.

mappa.

marathrus vgl. Ov. med. fac. 91 u. 92.

Mārcellus von Mārcus, Márcéllo CIL V 7678, *Μαάρκελλος* CIG 5644, *Μάρκελ-λος* CIA III 1133 118, 1192 30, 1202 130, die Kürze des e bezeugt Diomedes S. 431, 27 K.

Mārcellīnus.

marceō 2. vgl. *μαραίνω* u. den Übergang von a in u in murcidus.

marcēscō 3.

marcidus.

marcor.

Mārcius s. d. f. W.

Mārcus, Maarcus CIL I 1006, vergl. Rhein. Mus. VIII S. 288, Márci Boissieu S. 143, M´ (= Márcus) IRN 2792, (= Már-co) 3231, *Μάαρκος* CIG 887,6155,6156, vgl. Mārcellus.

Mārcius, Maarcius CIL I 596, Március CIL V 555, Boissieu Inscr. de L. S. 136, *Μαάρκιος*CIG1137.

Mārciānus, Márcianus I. H. 94.

margarīta.

margō vgl. gr. *ἀμέργω*.

marmor Reduplikation.

Mārrūcīnī und Mārūcīnī wie d. folg. W.

Mārs Mārtis aus Māvors, Mártis IRN 2189.

Mārtius.

Mārtiālis, Mártiáli CIL V 7430.

Mārsī = Mārtii.

Marsyās *Μαρσύας*.

masculus v. mās maris.

masculīnus.

māssa wie māza.

Massicus.

Massilia.

Massinissa w. Masinissa.

māter mātris.

māternus Māternus, *Μάτερνος*.

mātertera.

mātrimōnium vgl. Pl. Trin. 691, 782.

mātrīmus.

mātrīx -īcis.

mātrōna,mátrónis CIL V 5249.

mātruēlis.

Mātrona Marne.

mātūrēscō 3. von mātū-rus vgl. A. R. § 6 D.

Māvors -ortis.

Maxentius *Μαξέντιος* viell. ā w. māximus.

māxilla von māla vgl. Prisc. 3,36 S. 110 H.

māximus s. māgnus.

māza *μάζα*, vgl. Cramers Auecd. Ox. III S.293.

mediastrinus vgl. olea-ster.

medicāmentum vgl. A. R. § 7 B 2.

mediocris.

mediocritās.

meditāmentum vgl. A. R. § 7 B 2.

mediterrāneus s. terra.

medulla demin. Ableitg. v.med-(medius),*Με-δυλλία Μεδυλλῖνοι*.

Megalēnsia.

mel mellis gr. *μέλι*.

melleus.

Melampus *Μελάμπους*.

Melanthius *Μελάνθιος* von *μέλας* im Alter-tum abgeleitet.

Meldī *Μέλδοι*.

Meleager -agrī und Me-
leagrus, im Verse
nur Meleagrus, gr.
Μελέαγρος vergl.
Eurip. im Et. M.:
Μελέαγρε μελέαν
γάρ ποτ' ἀγρεύεις
ἄγραν.
Melicerta Μελικέρτης.
Melpomene Μελπομένη.
membrāna, μεμβράνη
oder-ονNTest.Lyd.
membrānāceus.
membrum wie d. v. W.,
auch nach dem Ro-
manischen e.
Memmius Μέμμιος Plut.
Dio C. vgl. CIA III
613, 722, 11072.
Memnōn -onis Μέμνων.
Memphis Μέμφις.
Menander Μένανδρος
wie Euander.
mendāx -ācis w. mentior.
mendācium.
Mendēs Μένδης.
mendīcō 1. von mendum.
mendīcus ebenso.
mendum u. menda zu mi-
nnō minor geh.
Menecles Μενεκλῆς.
Menippus Μένιππος w.
Philippus.
mēns mentis vgl. Beda
S. 230 K. und me-
minī, μέντεμ Plut.
Rom.22 u. fort.Rom.
S. 322 C, μέντις
ebd. S. 318 D, span.
mientre mientes.
mēnsa μῆνσα Plut. Qu.
symp. 8, 6 S. 726 F.
mēnsis.
mēnsor, mēnsor CIL V
6786, μήνσορες Ld.
de mag. 1, 46.
mēnstruus.
mēnsūra.
mentiō vgl. mēns mentis.

mentior 4. wie mentis.
Mentor Μέντωρ.
mentum v. men- (minceō).
merceūnārius aus mer-
cēd-nārius.
mercēs wie merx, davon
Μερκηδῖνος Plut.
Numa 18 und Lyd.
de mens. 4, 92 und
Μερκηδόνιος Plut.
Caes. 59.
merceor 1. wie merx.
mercātor.
mercātūra.
mercātus -ūs.
Mercurius vergl. merx,
Μερκούριος CIG
3705, vgl. 5716.
merda wie σμερδαλέον
nach Priap. 68, 8.
meretrīx -īcis vgl. Plaut.
Men. 261, 335.
merga mit margō nächst-
verwandt.
merges ebenso.
mergō mērsi mērsum 3.
vgl. A. R. § 6 A 3.
mērsō 1.
mergus wie mergō.
Mermessus Μερμησσός.
Merops -opis.
merx mercis wie mereō,
vgl. Mercurius.
Mesembria Μεσημβρία.
mespilum μέσπιλον.
Messālla Μεσσάλας z.B.
CIA III add. 571a.
Messālina Μεσσαλίνα.
Messālīnus.
Messāna = Messēnē.
Messāpus Μέσσαπος.
Messāpia Μεσσαπία.
Messēnē Μεσσήνη.
messis wie meto, e auch
nach dem Roman.
messor wie d. v. W.
metallum μέταλλον.
metamorphōsis μετα-
μόρφωσις.

Metapontum Μεταπόν-
τιον (Μέταβον)
Str. 6, 254 ff. 265.
Metapontīnī.
Metellus Μέτελλος (Plut.
Dio C.) vgl. Diom.
S. 431, 27K.
Methymna Μήθυμνα.
mētior mēnsus sum 4.
meto messuī messum 3.
metrēta μετρητής.
Metrodōrus Μητρόδω-
ρος.
mētropolis μητρόπολις.
metrum μέτρον, vergl.
Mart. 4, 6.
Mettus Mettius Μέττος
Μέττιος.
Mezentius Μεζέντιος
Plut. Quaest. Rom.
S. 275 E. Μεσέντιος
Dionys. 1, 64.
migro 1. s. Pl. Trin.639.
mille Plur. millia (mon.
Ancyr. mīllia) und
mīlia vgl. miles u.
frz. mil span. mil.
millēsimus.
milliārius u.miliārium.
milvus aus miluus vgl.
Hor. ep. 1, 16, 51,
Plaut. Rud. 1124.
milvīnus aus miluīnus
Plaut. Pseud. 852.
Mimās -antis.
mināx -ācis.
Mincius wohl wie Mi-
nucius.
Minerva vgl. Μινερβίας
CIG add. 1813 b u.
Μινερβίνης Zosi-
mus 2, 20.
mingō minxi mictum 3.
vgl. A. R. § 6 A 3.
minister Komp. zu mi-
nus, vgl. magister
und administrō, osk.
minstreis.
ministerium.

— 45 —

ministra.
ministrō 1.
Minturnae *Μεντύρνα*
Dionys. bei St. B.
sonst *Μιντούρναι.*
minusculus.
mīrābundus vgl. A. R.
§ 7 B 2.
mirmillō murmillō *μερ-
μίλλωνι* CIG 3392,
μορμίλλονες 2164.
miscellus vergl. misceō
u. *μίσχελος* Hesych.
miscellāneus.
misceō miscuī mistum
(mixtum) 2. aus mic-
sceō gr. *μίγνυμι* u.
μίσγω vergl. Joh.
Schmidt Vokalism. I
S. 123, vgl. it. misto.
misellus von miser.
misereō -eruī -ertum 2.
miserēscō 3.
misericors -ordis w. cor.
misericordia.
mistūra von mistus s.
misceō.
mitella Demin. v. mitra.
mītēscō 3. von mitis.
Mithridātēs s. Mart. 5,
76.
mitra vgl. mitella Verg.
Copa 1.
mitrātus.
mittō mīsī missum 3.
promeisserit CIL I
205, 2, 22, dimissis
Mon. Anc. (CIL III
S. 862, 10).
missiō, mIssione ebds.
missilis.
moderātrīx -īcis vergl.
moderātor.
modestus, *Μόδεστος* CIA
III 1147₉, 1193₈, 17
und oft auf Inschr.
u. sonst (z. B. Zos.
4, 11).
modestia.

molestus wie modestus.
molestia.
mōlīmentum vgl. mōlī-
men.
mollis vgl. span. muelle
u. mulier *μαλακός.*
mollēscō 3. vgl. A. R.
§ 6 D.
molliō 4.
mollitia.
molluscus v. mollis ab-
geleitet.
Molorchus *Μόλορχος.*
Molossus *Μολοσσός.*
mōmentum aus movi-
mentum.
monastērium zu *μονάς*
-άδος gehörig.
monostichium vgl. *μονό-
στιχος.*
mōns montis vgl. Prisc.
2, 13 S. 53 H.
montānus, *Μοντανός*
CIG 4805 b, vgl.
1375, *μοντιανόν*
Ath. p. 647 c, *τρι-
μόντιον* Ptol. 3, 11,
12 u. s. w.
montivagus.
mōnstrō 1.
mōnstrātor.
mōnstrum.
mōnstruōsus.
monumentum vgl. A. R.
§ 7 B 2.
Mopsus *Μόψος.*
Mopsopius *Μοψόπιος.*
morbus zu morior geh.
morbidus.
morbōsus.
mordeō momordī mōr-
sum 2. vgl. A. R.
§ 6 A 3.
mordāx -ācis.
mordācitās.
mōrsus -ūs.
morior mortuus sum 3.
gr. *μορτός* span.
muerto.

mors mortis wie morior,
span. muerte.
mortālis.
mortālitās.
Moschī *Μόσχοι.*
Mosella wie Demin. v.
Mosa.
Mōstellāria (fābula) von
mōstellum mōn-
strum.
mox wohl w. Adverb nox.
mūccus neben mūcus.
mūccidus und mūci-
dus u. s. w.
mūcrō vgl. Atta 13 Ribb.
mulceō mulsī mulsum 2.
von W. marc vgl.
μαλακός, 'Mulciber
(Beiname des Vol-
kan) a molliendo
ferro dictus' Paul.
Festi S. 144.
mulcō 1. wie mulceō.
mūlctra mūlctrum von
mulgeō.
mulgeō mulsī mūlsum 2.
vergl. gr. *ἀμέλγω*
und A. R. § 6 A 3.
muliebris vergl. Plaut.
Men. 167, Truc. 4,
3, 35.
muliercula von mulier.
mūlleus vgl. ital. mula,
sp. mulilla, fr. mule.
mullus *μύλλος.*
mulsus mulsum wie mel,
auch nach dem Ro-
manischen u.
multa wie multus, altl.
molta, osk. molto,
umbr. motar.
multō 1.
multātiō.
multifōrmis s. multus u.
fōrma.
multiplex -icis vergl.
multus und Verg.
Aen. 4, 189; 5, 264.
multiplicō 1.

multus, nach d. Rom. u.

Mulvius γέφυρα Μολβία Paianios.

Mummius Μόμμιος Pol. Dio C. CIG 1520, vgl. CIA III 598.

Munda vgl. Μόνδα ποταμοῦ Ptol. 2, 5, 3.

mundus rein.

munditia.

mundus Welt w. d. v. W.

mundānus.

mungō mūnxī mūnctum 3. vgl. gr. μύσσω μύξα μύξος und A. R. § 6 A 3.

mūniceps -ipis.

mūnificentia.

mūnimentum vgl. A. R. § 7 B 2.

Murcius vergl. marceō, Murcia Μυρτία Pl. Quaest. Rom. 20.

mūrex -icis.

Murgantia Μυργάντιον Μοργέντιον.

murmur Reduplikation.

murmurō 1.

murra μυρίνη μορρίνη. murrinus.

mūsca wie mūs mūscus, nach dem Romanischen freilich u.

mūscerda s. Festus z. d. Worte.

mūsculus v. mūs mūris.

mūscus Moos ital. span. musco.

mūscōsus.

mūssō wie mūtiō.

mūssitō 1.

mūstēla wie mūs.

mustus ital. span. mosto.

musteus.

mustum.

Mycalessus Μυκαλησσός.

Myrmidones Μυρμιδόνες.

Myrrha Μύρρα vergl. μύρον.

myrrheus.

myrrhinus.

Myrtōus Μυρτῶος wie Μύρτος.

myrtus μύρτος.

myrteus.

mysta μύστης vgl. μύω μύσις.

mystērium.

mysticus.

N.

nanciscor nactus und nanctus sum 3. vgl. gr. ἤνεγκον.

narcissus νάρκισσος.

nardus nardum νάρδος.

Nārnia wie umbr. Nahark-.

nārrō 1. nárrem Boissieu Inscr. de L. S. 136, v. gnārus gnārurat vergl. Cic. orat. 47, narare wollte Varro schreiben, vgl. Wilmanns p. 179.

nārrātiō.

nāscor nātus sum nāscī vgl. pāscō.

nāssa vgl. nāre und d. f. W.

nāssiterna u. nāsiterna vgl. ternus.

nāsturcium 'quod nasum torqueat' Varro bei Nonius S. 12, span. mastuerzo.

natrix -icis Lucil.2, 21 M.

nāvifragus vgl. Vergil Aen. 3, 553.

Naupactus Ναύπακτος.

Naxus Νάξος.

nebris νεβρίς.

necesse von nec- (nectō nexus).

necessārius.

necessitās.

necessitūdō.

nectar νέκταρ.

nectareus.

nectō nexuī nexum 3. vgl. necesse necessārius.

nefandus vgl. A. R. § 6 B 1 c.

nefāstus von nefās.

neglegō -ēxī -ēctum 3. von nec-lego, vgl. lego und A. R. § 6 A 3.

neglegēns -entis.

neglegentia.

nempe = nam-que, bei Plautus öfters verkürzt vgl. Trinum. 328, 427 und Brix Trin. Einl. S. 17.

Neoclēs Νεοκλῆς.

Neoptolemus Νεοπτόλεμος.

neptis wie nepōs.

Neptūnus vgl. Nepeta nepeta Νέπετος.

Neptūnius Νεπτούνιος Ath. 6, 224 c.

nēquidquam oder nēquicquam.

Nerva Νέρβα CIG 1317, Νέρουας CIG 1074, 2911, Νέρβα Suidas u. a. vgl. Nero, Νερίνη Lyd. de mens. 4, 42.

Nervii Νερούιοι Strabo. nervus wie Nerva Nero. nervōsus.

nesciō aus ne-scio vgl. nequeō u. s. w. nescius.

Nessus Νέσσος.

Nestor Νέστωρ.

nex necis.

nexus s. nectō.

nīctō von ni(g)veō.

niger nigra nigrum, Νίγρος Νίγροι.

— 47 —

nigrēscō3. s.A.R. §6D.
nigritia.
nigror.
nimbus vgl. nebula.
ningō nīnxī ningere vgl.
nix nivis und A. R.
§ 6 A 3.
nitēscō 3. von nitēre.
nītor nīsus und nīxus
sum 3. nīxus von
W. gnig gebildet,
vgl. umbr. conegos
u. A. R. § 6 A 3.
nix nivis vgl. Diomed.
S. 431, 17 K.
noctū wie nox.
nōlle aus ne-volle, vgl.
nōlō nōlam.
nōmenclātor, vulgär nu-
miclator numuncla-
tor (Jahn spec. cp.
p. 93).
Nōmentum Νώμεντον.
Nōmentānī Νωμεντα-
νοί.
Nōnacris Νώναϰϱις.
nōuāgintā griech. ἐνενή-
κοντα.
nōndum wie nōn.
nōngentī gr. ἐναϰόσιοι.
nōnne wie nōn.
nōnnūllī u. s. w.
Nōrba Νώϱβη.
Nōrbānus Νωϱβανός
App. Νωϱβᾶνος Dio
C. Νωϱβανοί Dion.
Plut.
nōrma vgl. nārrō, īgnōrō,
γνώϱιμος.
nōscō nōvī nōtum 3.
vgl. γιγνώσϰω.
nōscitō 1.
noster sp. nuestro, vgl.
vester; wie noster
auch nostrī Gen. zu
nōs.
nostrās.
nōtēscō 3. nótésceret
CIL VI 1527 c 18.

novellus von novus.
november -is νοέμβϱιος
Plut. Dio C. CIG
6179 und sonst.
novendiālis von novem
und diēs.
noverca v. novus abgel.
nox noctis vgl. Charis.
S. 11, Diomedes S.
428, Servius comm.
in Don. S. 426, Serg.
de acc. S. 524 K.
nocturnus νοϰτούϱ-
νους Lyd. de mag.
1, 13.
noxa vgl. nocēre, νόξα.
noxia wie noxa.
noxius ebenso.
nūbō nūpsī nūptum 3.
nucleus vergl. nuculeus
bei Plautus.
nūllus von ne-ūllus, it.
nullo, span. nulo,
fr. nul.
Numantia Νομαντία.
nummus zu numerus νό-
μος gehörig.
nunc wie hunc gebildet,
vgl. A. R. § 5.
nūncupō 1. v. nōm- (nō-
men)u.cap-(capere).
nūncupātiō.
nūndinae und nūndinum
altl. noundinum, v.
novem-din- vgl. no-
vendiālis u. Iūppi-
ter, nūper (aus nov-
per).
nūndinor 1.
nunquam aus ne-unquam.
nūntius aus nov-ntius
vgl. nūndinae.
nūntiō 1.
nūptiae wie nūbō nūp-
tum.
nūptiālis.
nūsquam aus ne-ūsquam.
nūtriō 4. wie nūtrīx.
nūtrīmentum.

nūtrīx -īcis vgl. Plaut.
Curc. 643, nūtrī-
cātus Mil. 656, nū-
trīcant Mil. 715.
nux nucis.
Nycteus Νυϰτεύς vgl.
νύξ ἐννύχιος nox.
nympha νύμφη.
nymphaeum.
Nȳssa und Nȳsa Νῦσα.

O.

Oaxēs.
obba ἄμβιξ verw. mit
ὀμφαλός.
obcaecō, obdō u. s. w.
aus ob-caecō,ob-dō.
obdormīscō 3. von ob-
dormīre.
obeliscus ὀβελίσϰος.
obex -icis.
obiciō -ēci -ectum 3.
obiectō 1.
obiectus -ūs.
obiūrgō 1. wie iūrgō.
obiūrgātiō.
oblectō 1. von ob-lacio.
oblectāmentum.
oblīquus vgl. sublīmis u.
licinus.
oblīviscor oblītus sum 3.
von ob-līv-, viel-
leicht -īscor.
oblīviō, oblīvium.
obmūtēscō 3. von ob u.
mūtus gebildet, vgl.
A. R. § 6 D.
obnoxius vgl. noxia.
obrussa ὄβϱυζον.
obscēnus auch nach den
Etymologien der
Alten mit ob oder
obs zusammengesetzt.
obscēnitās.
obscūrus.
obscūrō 1.
obscūritās.
obsecrō 1. vergl. sacro
sacer.

obsecrātiō.
obsequor 3. aus ob-se-
quor.
obsequēns -entis'Ουε-
κουέντης Plut. fort.
Rom. 10.
obsequentia.
obsequium ὀψίκιον.
obses von ob-sed-.
obsideō -sēdī -sessum
-sidēre v. ob-sedeō.
obsessiō.
obsessor.
obsidiō, obsidium.
obsīdō -sēdī -sessum 3.
v. ob-sīd-, s. sedeō.
obsolēscō 3. v. obsolēre.
obsōnium ὀψώνιον.
obsōnō 1. vgl. Plaut.
Bacch. 97.
obstetrix -īcis vgl. Pl.
Capt. 625.
obstinō 1. vgl. destinō.
obstinātiō.
obstrīctus vergl. stringō
strictus.
obstrūctiō vergl. struo
strūctum.
obstupēscō 3. von ob-
stupēre.
obsurdēscō 3. von ob
und surdus gebildet,
vgl. A. R. § 6 D.
obtēctus s. tego tēctus.
obtingō -igī 3. von ob-
tangō.
obtorpēscō 3. von ob-
torpēre.
obtrēctō 1. s. trāctō.
obtrēctātiō.
obtruncō 1. s. truncus.
obtūtus -ūs v. ob-tueor.
obvius, obviam.
obumbrō 1. wie umbra.
obuncus wie uncus.
occ- in Zusammenset-
zungen aus obc-.
occallēscō 3. von ob-
callēre.

occāsiō s. Pl. Persa 268.
occidō 3. von ob-cado.
occāsus -ūs.
occidēns -entis.
occiduus.
occīdō 3. von ob-caedō.
occīdiō, occīsiō.
occinō occinui occentum
3. von ob-cano.
occipiō -cpī -eptum 3.
von ob-capiō.
occiput von ob-caput.
occlūdō 3. v. ob-claudō.
occō 1. vgl. ocris (Fest.)
und span. ahuecar.
occulō -ului -ultum 3.
occultum Pl. Capt.81,
Trin. 664, 712.
occumbō 3. wie occubō.
occupō 1. von ob-cap-
(capiō).
occupātiō.
ocellus von oculus.
Oclatius 'Οκλάτιος.
Ocnus "Οκνος.
ocrea vgl. Verg. Aen.
7, 634; 8, 621.
ocreātus.
Ocriculum 'Οκρικλοι.
Ocrisia 'Οκρισία Dionys.
4, 1.
octāns s. octō.
Octāviānus'Οκταβιανός.
Octāvius 'Οκτάβιος CIA
III 817, 1163 40 und
sonst, oder 'Οκτά-
ουιος.
octō ὀκτώ, vgl. d. v. und
d. f. W.
octāvus.
octingentīὀκτακόσιοι.
octōgiutāὀγδοήκοντα.
octuennis vgl. annus.
octuplus vgl. duplus.
octussis vgl. as assis.
octōber -ōbris ὀκτώ-
βριος Plut. Dio C.
Lydus und Inschr.
Odrysae 'Οδρύσαι.

Odyssēa 'Οδύσσεια vgl.
'Οδυσσεύς'Οδύσσεύς.
Ocagrus.
Oeagrius vgl. Sil. It.
5, 463.
Ocnōtria Οἰνωτρία.
ofella Deminutiv zu offa,
'Οφέλλας Plut. Sulla
29, 33.
Ofellius 'Οφέλλιος CIA
III 2874 Arr. Ep. 3,
22, 27.
off- in Zusammensetzun-
gen aus obf-.
offa wie ofella, ὄφα D.
C. offla ὀφλάριον
gl. Labb.
offendō -endī -ensum 3.
vgl. defendō.
offensa.
offensiō.
offensiuncula vgl. A.
R. § 7 B 5.
offensus.
officīna aus opificīna.
officium aus opificium,
ὀπφικίοις Arr. Ep.
3, 24, 117, ὀφφικί-
ων Lyd. de mag. 2,
24, vgl. auch C.
Porph. de caer. aul.
S. 2018, 6613 und
sonst.
officiālis ὀφικιάλιος
Hesych.
Olbia 'Ολβία.
oleaster, -aster (vgl.
pinaster) wohl wie
-estus u. s. w. (A. R.
§ 7 B 4) kurz.
olfaciō 3. vgl. olēre odor
(odefacit dicebant
pro olfacit, Paul.
Festi S. 179 12).
olla aus aulula v. aula,
Aululāria (fabula).
Olympus 'Ολυμπος.
Olympia, olympias.
Olympius.

Olynthus Ὄλυνϑος.
ōmentum s. A. R. § 7 B 2.
omnīnō wie omnis.
omnis vgl. Plaut. Trin.
261, Ritschl proll.
CXXXII.
Omphalē Ὀμφάλη.
onyx -ychis.
opella von opera.
operculum von operiō.
operiō -eruī -ertum 4.
opifex -icis.
oportet vgl. portiō.
opp- in Zusammenset-
zungen aus obp-.
opperior opperītus (op-
pertus) sum 4. vgl.
experior.
oppidō = ἐμπέδως.
oppidum v. ob-ped- (πέ-
δον)'Οππιδόνεον ἤ
Ὄπιδον νέον Ptol.
oppidānus.
Oppius Ὄππιος.
opportūnus v. ob-portu-.
opportūnitās.
opprimō -essī -essum 3.
von ob-premo.
opprobrium vergl. z. B.
Ov. met. 8, 155.
ops opis.
optimus altl. opitumus,
vgl. ὄπτιμος Dio C.
68 23, Mionnet III
490, 91.
optimās ὀπτιμᾶτοι
Const. P. d. c. aul.
B. S. 460 14, 478 1.
optiō Lieutenant, ὀπτί-
ων Plut. Galb. 24,
Lyd. de mag. 1, 46,
ebs. Inschr.
optiō Wahl, wie
optō 1. wie optimus,
Ὀπτᾶτος Plut. de
soll. anim. S. 965 c,
CIG 3407, CIA III
926, 1122 50, 1128.
optīvus.

opulēns -entis u. -entus.
opulentia.
Opūs -ūntis Ὀποῦς
-οῦντος.
Opūntius.
opusculum von opus.
orbis vgl. d. f. W.
orbiculātus μῆλα ὀρ-
βικουλάτα Galen
XIV p. 289 Kühn,
ὀρβικλάτον D. C.
orbita vgl. Ὄρβιτα Ptol.
4, 3, Orfitus Ὀρφι-
τος CIG 2169, CIA
III 620, add. 903 a,
aber auch Órfito
CIL VI 353.
Orbius Orbilius Ὄρβιος
Ὀρβίλιος.
orbus vgl. ὀργανός.
orbitās.
orbō 1.
Orbōna.
ōrca n. d. Romanischen ō.
Orcades Ὀρκάδες.
Orchamus ὄρχαμος.
orchēstra ὀρχήστρα.
Orchomenus Ὀρχόμενος.
orcus neapol. huorco,
altsp. huergo huer-
co uerco traurig.
orcinus, ὄρκινος λί-
βερτος.
ōrdior ōrsus sum ōr-
dīrī wie ōrdō.
ōrsus -ūs Anfang.
ōrdō ōrdine CIL II 4550,
ōrdinis Boissieu I.
de L. S. 136, byz.
freilich ὀρδιν-.
ōrdinārius, ὀρδινά-
ριοι schon Lydus.
ōrdinō 1.
ōrdinātiō.
Orestēs Ὀρέστης.
organum ὄργανον.
orgia ὄργια.
orichalcum vgl. χαλκός
und χάλυβες.

oriēns -entis.
orior ortus sum orīrī.
oriundus.
ortus -ūs.
ōrnō 1.
ōrnāmentum, órna-
mentum Boissieu I.
de L. S. 136, órná-
menta Orelli 622,
vgl. Schmitz Beitr.
S. 42, freil. ὀρνᾶτος
Athen. 14 p. 647 c.
ōrnātrix -icis.
ōrnātus -ūs.
ornus.
Orontēs Ὀρόντης.
orthographia ὀρθογρα-
φία.
Ortōna Ὀρτών.
Ortygia Ὀρτυγία.
os ossis span. hueso.
ōscen 'ore canentes fa-
ciunt auspicium'
Varro d. l. l. 6, 76.
Oscī Ὄσκοι Strabo u. a.
ursprüngl. jdfs. ō,
weil aus Opicī Opscī
(Titin. 104 Ribb.).
ōscillum von ōsculum.
ōscitō 1. von ōs u. cieō.
ōsculum von ōs ōris,
vgl. ausculum Prisc.
1, 52 S. 39 H.
ōsculor 1. vgl. auscu-
lari Plaut. Mil. 390,
391,Paul.Fest.S.28.
Ossa Ὄσσα.
osseus ossiculum u. s. w.
von os.
ossifragus von os und
frag- (frangō).
ōstendō ōstendī ōstēn-
sum ōstentum 3. v.
obs-tendo s. tendō.
ōstentō 1.
ōstentātiō.
ōstentum.
Ostia Ὠστία Pol. Diod.
Steph. Byz. Suidas.

— 50 —

ostium v. ōs, austia CIL
I 1463, V 704, ὤ-
στιαschol.Aristoph.
Plut.330, ω u. o bei
Suidas, vgl. Ōstia.
ostiārius.
ostracismus ὀστρακι-
σμός.
ostrea und ostreum ὄ-
στρεον.
ostrum gr.ὄστρεον, aber
nach Priscian S. 39
alt austrum.
Othryadēs Ὀθρυάδης.
Othrys Ὄθρυς.
ovillus von ovīnus.
Ōxus Ὦξος Strabo Arr.

P.
paciscor pactus sum pa-
ciscī von pac- vgl.
A. R. § 6 D.
pactiō.
quō pactō.
Pactōlus.
pactum Bündnis byz.
πάκτον, s. paciscor.
paelex -icis.
Paelīgni Prisc. 2, 63 S.
82 H. gr. Παιλῖνοι
(Hss.App. b. c.1,39).
paenīnsula.
paenitentia.
palimpsēstus παλίμψη-
στος.
palla wohl a. weil ll
blieb in pallium.
PalladiusΠαλλάδιος von
πάλλω.
Pallantias und Pallantis
wie Pallās -antis.
Pallas -adis Παλλάς von
πάλλω.
Pallās -antis Πάλλας
von πάλλω.
Pallantēus vgl. Palā-
tinus λόφος Παλ-
λάντιος Ael. v. h.
12, 11.
Pallantius.

palleō 2. vergl. pul-
lus πελιός πελλός
schwarz.
pallēscō 3.
pallidus.
pallor.
pallium von palla.
palliātus.
palliolum.
palma flache Hand vgl.
παλάμη und palam.
palmula.
palma Palme wie palma
flache Hand.
palmāris.
palmārius.
palmētum.
palmes wie palma Hand.
palpebra wie palpō.
palpitō 1. ebenso.
palpō und palpor 1.
streichele, zu πάλ-
λω pellō pila ge-
hörig, Reduplika-
tion.
palūdāmentum παλου-
δαμέντοις Lyd. de
mag. 2, 4.
palumbus wie columba.
palūster von palūs.
Pamphȳlia Παμφυλία
vgl. pancratium.
pampinus mit papula
verwandt?
pampineus.
pancratium παγκράτιον
vergl. Panathēnaea,
panēgyricus, Panor-
mus.
Panda vgl. Patella und
pandō.
pandecta πανδέκτης wie
pancratium.
Pandīōn -onis Πανδίων
ebenso.
pandō pandī pānsum
und pāssum 3. mit
patēre nächstverw.
pāssum aus pansum.

Pandōra Πανδώρα wie
pancratium.
Pandrosos ebenso.
pandus wie pendeō.
pangō pepigī pāctum
(pānxī pānctum) 3.
zu pangō vgl. pe-
pigī, zu pāctum pā-
gina, dazu vgl. die
Komp.z.B.compingō
-pēgi -pāctum 3.
und A. R. § 6 A 3.
Pāniscus Πανίσκος.
Pannonia Παννονία.
pānnus und pānus vgl.
Lucilius beiNonius
S. 149$_{23}$ u. Festus
S. 220, gr. πῆνος.
pānniculus πανούκλι-
ον (Hes. in πηνίον).
Panormus Πάνορμος.
Pānsa, auf dessen Mün-
zen die Maske des
Pān erscheint.
pantex -icis wie pandus.
pantheon w. pancratium.
Panthous Πάνθοος ebs.
pantomimus παντόμιμος
(πάντα).
Paphlagōn -onis vergl.
Plaut. Curc. 442.
Paphlagonia.
papilla von papula.
pappus, viell. ā, vgl. Pā-
pus Pāpius, pappāre
auch gr.
παππίας πάπίας.
paradigma παράδειγμα.
Parca von pariō, Ge-
burtsgöttin.
parcō peperci parsum 3.
wie parcus.
parcus w. parvus parum.
parēus -cutis παρέτης
Lyd. de mag. 1, 26.
parentālia.
parentō 1.
Parentium Παρέντιον.
pariō peperi partum 3.

partus -ūs.
parma Parma Πάρμα
   Strabo.
parmula.
Parnāssus besser -āsus,
   Παρνασόςιον.Παρ-
   νησός.
parra u. parrus, viell. ā
   (parus Hs. in Rieses
   A. L. 762, 9 vgl. 733,
   9), umbr. parfa.
Parrhasius und Parrha-
   sis Παρράσιος.
parricīda v. patri-cīda?
parricīdium.
pars partis vgl. Diomed.
   S. 431, 17 K. u. por-
   tiō impertior u. a.
partiārius.
particula.
partim.
partior 4.
partītiō.
parsimōnia wie parcō.
Parthenius Παρθένιος
   von παρθένος.
Parthenopaeus.
Parthenopē.
Parthī Πάρθοι.
Parthia.
particeps -ipis vgl. pars
   partis.
participō 1.
parturiō 4. von pariō
   partum.
parumper von parum.
parunculus v. paro Barke
   vgl. A. R. § 7 B 5.
parvus wie parum.
parvitās.
parvulus.
pāscō pāvī pāstum 3. vgl.
   pāvī und pāstor.
pāscuus.
passer.
passerculus.
Passiēnus, wohl a, s. Sen.
   contr. 10 praef. 11.
pāssim w. pāssus pānsus.

passiō, passīvum wie
   passus von patior.
pāssus -ūs Schritt von
   pandō pāssum.
pāstillus w. pāscō pānis.
pastinum, vielleicht ā
   wie pāstum.
pāstiō Weide wie pāscō
   pāstum.
pāstor paastores CIL
   I 551, pástoris IRN
   2226, vgl. pāscō.
pāstōrālis.
pāstus -ūs Weide wie
   pāstor.
patella von patera, πα-
   τέλλα Poll. on. 6, 85.
pater patris.
Paterculus Πάτερ-
   κλος CIA III 11216₂,
   1197 38, Πατέρκου-
   λος Plut.
paternus Paternus
   Πάτερνος Lyd. de
   mag. 1, 9, 47 u. öfter.
patrātus.
patria.
patricius.
patrimōnium.
patrīnus.
patrius.
patēscō 3. von patēre.
patiēns -entis.
patientia.
patior passus sum patī.
Patrae Πάτραι.
Patrēnsēs.
patro 1. vgl. Pl. As. 114.
patrōcinium s. d. f. W.
patrōcinuor 1. v. patrōnus.
Patroclus Πάτροκλος.
patrōnus wie pater, vgl.
   Hor. ep. 1, 7, 54.
patrōna.
patruus von pater, vgl.
   Hor. c. 3, 12, 3.
patruēlis z. B. Ov.
   met. 1, 352.
Patulcius wie patulus.

pavēscō 3. von pavēre.
pavīmentum vgl. A. R.
   § 7 B 2.
paulisper von paulis, dies
   wie magis nimis.
paupertās von pauper.
pāx pācis.
pāxillus von pālus s.
   Schmitz Beitr. S.
   37, 47.
peccō 1. mit piget verw.
peccātum.
pecten wie pectō.
pectunculus s. A. R.
   § 7 B 5.
pectō pexī pexuī pexum
   3. vgl. πέκω πέκτω
   πεκτέω.
pectus Πεκτορίου CIG
   9890, πεκτορᾶρις D.
   C. auch u. d. Rom. c.
pedester vgl. equester.
pēgma πῆγμα.
Pelasgī Πελασγοί.
Pella Πέλλα.
pellāx -ācis vgl. penelliciō.
pellācia.
pelliciō -exī -ectum aus
   per-laciō.
pellis.
pellārius πελλοράφος
   Philox.
pellicula.
pelliō.
pellitus.
pellō pepulī pulsum 3.
pellūceō 2. aus per-lūceō.
pellūcidus πελούκιδον
   Athen. 14 p. 647 c.
Peloponnēsus Πελοπόν-
   νησος.
Peloponnēsiacus.
Pelops -opis.
pelta πέλτη.
peltastēs πελταστής.
pelvis aus pelluis, Ve-
   lius L. S. 63, 18 K.
pendeō pependī pēnsum 2.
   wie pendō pendulus.

pendō pependī pēnsum
3. vgl. pondus.
penetrō 1. vgl. Verg.
  Aen. 1, 243; 7, 363.
penetrālia.
pēnicillus und -um von
  pēniculus.
penna aus petna von
  pet- (petere πετέ-
  σθαι), eins mit pin-
  na, πέννα Hesych.
pennula.
pēnsilis.
pēnsiō.
pēnsitō 1.
pēnsō 1.
pēnsum.
pentameter -etrī πεντά-
  μετρος.
pentapolis πεντάπολις.
pentāthlum πένταθλον.
Pentelicus Πεντελιχός.
Penthesilēa Πενθεσί-
  λεια.
Pentheus Πενθεύς.
peplum peplus πέπλον
  πέπλος.
peragrō 1. z. B. Luer.
  1, 926.
percellō -culī -culsum 3.
  vgl. celer κέλλειν.
percipiō -ēpī -eptum 3.
  perceptiō.
percitus von per-cieō.
percontor 1. wie contus,
  'ex nautico usu qui
  conto pertemptant
  cognoscuntque na-
  vigantes aquae al-
  titudinem' Festus
  214, 9, Donat zu
  Ter. Hec. 1, 2, 2.
percutiō -ussī -ussum 3.
  von per-quatiō.
percussiō.
percussor.
percussus.
Perdiccās Περδίκκας.
perdix -icis πέρδιξ.

perdō 3. vgl. Plaut. Aul.
  4, 9, 12 und 13.
perditus.
perductor s.dūcō ductum.
perduellis von per und
  duellum (s. bellum).
perduelliōπερδουελλί-
  ωνος Dio C. 37, 27.
peregre vgl. Hor. ep. 1,
  12, 13.
peregrīnus vgl. Hor. sat.
  2, 2, 22, gr. Περε-
  γρῖνος.
peregrīnor 1.
peregrīnitās.
peremptālis vgl. perimō
  peremptum.
perendiē v. perem παρά.
Perenna wie perennis.
perennis Περέννιος Dio
  C. u. Herodian 1, 8,
  Περεννιανός CIG
  2189.
perficiō -ēcī -ectum 3.
perfectus πέρφεκτος
  CIG 3368.
perfidus v. per (= παρά)-
  fid-.
perfidia.
perfringō -ēgī -āctum 3.
  wie frangō.
perfugium.
perfūnctiō v. per-fungor.
PergamumPergamusΠέρ-
  γαμον Πέργαμος.
Pergamēnus.
pērgō perrēxī perrēctum
  pērgere, pērgō aus
  pe(r)-r(e)gō hatte
  wahrscheinlich ē,
  vgl. sūrgō.
pergula πέργουλα D. C.
  precula bei Quint.
  1, 5, 12.
Periander Περίανδρος,
  vgl. Euander.
PericlēsΠερικλῆςv.περί.
perīclitor 1. vgl. perīcu-
  lum u. Pl. Amph.688.

Periclymenus Περικλύ-
  μενος.
Perillus Πέριλλος wie
  περί.
perimō -ēmī -emptum 3.
  s. emo.
peremptor.
perinde wie inde.
Perinthus Πέρινθος.
peristȳlum und peristȳ-
  lium περί-στυλον
  περιστύλιον.
periūrō v. per (= παρά)-
  iūrō.
Permēssus Περμησσός.
permīssiī von permītt̄.
permīxtiō und permīstiō
  von per-mīsceō.
perna von per (πρό
  πέραν), gr. πέρνα,
  span. pierna.
perniciēs wie per-neco.
perniciōsus.
pernīx -īcis wie perna.
pernīcitās.
pernōscō 3. s. nōscō.
pernōtēscō 3. s. nōtēscō.
pernox -noctis vgl. Prisc.
  7, 43 S. 323 II.
perpendiculum s. pendō,
  σερπενδίβουλομ
  Hesych. vor στάθ-
  μη.
perperam zu per (παρά)
  geh. u. Reduplika-
  tion, gr. πέρπερος.
Perperna -penna Περ-
  πέρνας CIG 3663,
  Dio C. Περπέννας
  Plut. App.
perpetior -pessus sum 3.
perpetrō 1. wie patro.
perpetuus von per-pet-
  (peto), ἤδικτον περ-
  πέτονον Paeanios
  Eutrop. 8, 17.
perpetuitās.
perplexus vgl. plectō.
perprimō -essī -essum 3.

perquam.
perquīrō 3. a. per-quaerō.
perrēptō 1. v. per-rēpō.
Persa *Πέρσης.*
Persepolis.
Persicus, Persis.
Persēis *Περσηίς.*
Persephonē *Περσεφόνη.*
Persēs *Πέρσης.*
perseverō 1.
Perseus *Περσεύς.*
persicum (mālum) von
Persicus, auch nach
dem Romanischen e.
Persius*Πέρσιος*z.B.Lyd.
de mag. 1,19,32,41.
persōna wie per-sonāre
nach Gellius 5, 7.
persōlla.
perspiciō -exī -ectum 3.
perspicuitās.
perspicuus.
persultō 1. von per-saliō.
pertica von pert *πέραν,*
περτίκα Metrolog b.
·Hultsch 1 p. 184, 25.
pertineō 2.
pertināx -ācis *Περτί-*
νακος ClA III 536 f.
Kaiser *Περτίναξ.*
pertinācia.
pertrāctō 1. s. trāctō.
perversus v. per-vertō.
pervicāx -ācis von per-
vic- (vincō).
pervicācia.
pervigilium.
pervius.
Pescennius *Πεσκέννιος*
Dio C. 73, 13.
pessimus, ē wenn von
peg- (piget piger)
oder ped- (pedes
pēssum), aber Ter.
Maur. erklärt das
e in pēior für von
Natur kurz v. 619f.
doch wohl mit Rück-
sicht auf pessimus.

Pessiuūs -ūntis *Πεσσι-*
νοῦς -οῦντος.
pessulus *πάσσαλος.*
pēssumdō 1. hess.pēssum
dō, pēssum von ped-
(pedes *πέδον),* ū
u. Analogie v. A. R.
§ 6 A 3, obgl. bei
Pl. ̄ Persa 740 im
Wortspiel m. Persa.
pēstis aus perstis von
per-(pereō)?
pēstilēns -entis.
pēstilentia.
petra *πέτρα.*
Petrēius *Πετρήιος* App.
Petrīnī *Πετρῖνοι* Diod.
Petrōnius*Πετρώνιος*Pol.
Strabo Jos. ClA III
1112 49, constant.
petulāns -antis.
petulantia.
Phaeāx -ācis.
Phaëthōn -ontis *Φαέθων*
-οντος.
phalanga *φαλάγγη.*
Phalanthus *Φάλανθος*
wie *φαλακρός.*
phalanx -angis *φ άλαγξ*
vgl. palanges Prob.
app. 197K.
phalangitae.
pharetra Hor. c. 2, 16, 6.
pharetrātus.
Pharsālus jetzt*Φέρσαλα.*
Pharsālia.
Phereclus *Φέρεκλος.*
Philippi wie d. f. W.
Philippus *Φίλιππος* mit
ἵππος (equos) zu-
sammenges., Plau-
tus brauchte Phi-
lippus und Philip-
peus nur mit Beto-
nung der 1. u. Ver-
kürzung der 2.Silbe.
Philippeus.
Philippicus.
Philoctētēs *Φιλοκτήτης.*

philtrum *φίλτρον.*
Phlegra *Φλέγρα.*
Phlegraeus*Φλεγραῖος.*
Phoenīssa wie d. f. W.
Phoenīx -īcis.
Phorcys *Φόρκυς.*
Phormiō *Φορμίων.*
Phrixus *Φρίξος.*
Phryx Phrygis.
phȳlarchus *φύλαρχος*
vgl. *ἄρχω ἄρχων.*
Phyllēis wie d. f. W.
Phyllis *Φυλλίς* vergl.
φύλλον.
Pīcēns -entis *Πίκεντες*
Polyb. Strabo.
Pīcentia *Πικεντία.*
Pīcentīnī *Πικεντῖνοι,*
Πεικεντείνης ClG
3991.
pīctor w. pīctus s. pingō.
pīctūra ebenso.
piger pigra pigrum.
pigritia, pigror.
pīgmentum pīgmen[t CIL
VIII 1344, vgl. *πι-*
μέντα πιμεντάριος
Hesych. *πιγμέντις*
Lyd. de mag. 3, 20,
πημεντάριος byz.
vgl. ital. pimiento
sp. pimienta prov.
pimenta und pimen
altfranz. piment.
pīgnus.
pīgnerōr 1.
pīlentum vgl. A.R. §7 B 2.
pīlleus pīlleum u. pīleus
pīleum gr. *πῖλος.*
pīlleātus.
pīlleolus.
Pilumnus Participialf.
entspr. gr. *-όμενος.*
Pimpla *Πίμπλειαι* Hes.
Pimplēis, Pimplēus.
pīnaster vgl. oleaster.
pincerna byz. *ἐπικέρνης*
neben *πιγκέρνης.*
Pindarus *Πίνδαρος.*

— 54 —

Pindus Πίνδος.
pingō pīnxī pictum 3.
pingō nach d. Roma-
nischen, pīnxī pīc-
tum n. A. R. §6 A 3.
pīnguis sp. pringue sard.
pingu Fett, pringar
mit F. bestreichen.
pīnguēdō.
pīnguēscō 3. vgl. A.
R. § 6 D.
pinna wie peona vgl.
das Frgm. de acc.
e cod. Bob. p. 142
Endl.ebs.u.d.Rom.i.
pinnātus.
pinnula.
pīnsō pīnsuī pīnsitum 3.
auch pīnsī pīstum
oder pīnsum pīsum.
piscis, nach d. Rom. i.
piscātor.
piscātus -ūs.
piscīna.
piscōsus.
Pisistratus Πεισίστρατος
pīstillum v. pīnsō pistum.
pīstor ebenso.
Pīstōria wie pīstor vgl.
Plaut. Capt. 160.
pīstrīna wie pistor.
pīstrīnum ebenso.
Pittacus Πίττακος.
Pittheus Πιτθεύς.
pix picis vergl. Pomp.
comment. S. 115K.
placenta vgl. A. R. § 7
B 2 u. Pl. Capt. 162.
Placentia Πλακεντία.
plancus Plancus vgl.
πλατύς gr. Πλάγκος
Πλάγκον (Plut. An-
ton. 18 u. 58).
plangō plānxī plānctum 3.
zu plangō vgl. πλά-
ζω ἔπλαγξα neben
πλήσσω, plānxī
plānctum nach A.R.
§ 6 A 3.

plānctus -ūs.
plangor.
planta Fufssohle w.πλα-
τύς platea platessa.
planta Pflanze wie d.
v. W.
plantāris.
plantārium.
plantātiō.
plantō 1.
plēbiscītum richtiger
plēbī scītum.
plēbs plēbis, plēbs CIL
V 6797.
plector 3. büfse.
plēctrum πλῆκτρον.
Plēmmyrium Πλημμύ-
ριον.
plērusque plēraque plē-
rumque.
plexus v. plectō flechte
vgl. gr. πλέκω.
Plisthenēs Πλεισθένης.
Plisthenidēs.
plōstellum von plau-
strum plōstrum.
plumbum,nach d. Rom. u,
vgl. auch gr. μόλι-
βος neben μόλυβδος.
plumbeus.
plūsculus von plūs.
Plutarchus Πλούταρχος
vgl. ἄρχω ἄρχων.
pōcillum von pōculum.
podagra vgl. Cat. 71, 6.
Poeās -antis Ποίας
-αντος.
poētria ποιήτρια.
poētris ποιητρίς.
polenta von polen (pollis
puls) s.A. R. §7 B 2.
Poliorcētēs πολιορκητής.
Pōlla = Paulla s. Pōlliō.
pollen und pollis vgl.
polenta.
polleō 2.
pollentia Πολλεντία
Strabo, Πόλλεντος
-έντιον Steph.

pollex -icis.
Pollia tribus, Πολλία.
polliceor 2. aus pol(por
pro)-liceor.
pollingō -īnxī -īnctum 3.
o wie in polliceor,
ī nach A. R. § 6 A 3.
pollīnctor u. pollīctor.
Pōlliō v. Paullus, Pól-
lioni CIL V 5906,
Πωλλίων Πωλίων
Pl. Dio C. Suid. u.
a. CIA III 1113_{28},
11224_9, 1193_{22},
(Ausnahme Πολ-bei
App.); ebs. Πῶλλα
Πωλλιανός Πωλ-
λῖνα u. a.
pollūceō -ūxī -ūctum 2.
v. pol-lūceō (lūxus).
pollūctūra.
polluō 3. wie polliceor.
Pollūx -ūcis altl. Polou-
ces,gr.Πολυδεύκης,
vgl. pol edepol.
Polymnēstor Πολυμνή-
στωρ.
Polyxena Πολυξένη.
pompa πομπή.
Pompēī Πομπηία Dio-
nys. 1, 44, -ήιοι
Plut.
Pompēius Πομπήιος
Plut. CIA III 769_3
und überall.
Pompēiānus Πομπη-
ιανός.
Pompēdius Πομπήδιος.
Pompilius Πομπίλιος.
Pompōnius Πομπώνιος.
Pomptīnus vgl.Ποντῖναι
λίμναι, aber Πώμ-
πτιλλα CIG 5759 u.
Πωμεντεῖνα (für
Pomptīna tribus)
Ephem. epigr. IV
S. 214.
pondus vgl. den Vokal-
wechsel iu pendō

dipundium, auch n. dem Romauischen o.

pondero 1.

ponderosus.

pondo.

pons pontis sp. puente, πόντεμ Plut. Numa 9, πόντην Lyd. de mens.3, 21, Procop.

pontifex -icis ποντίφιξ Dionys. Dio C. Zos. 4, 36, ποντίφεξ Lyd. de mens. 3, 21, Ποντοφίκιος Dion. 9,5, ποντίφικαKaibel Syll. add. 888a.

Pontius Πόντιος.

pontus πόντος.

popellus von populus.

poples Lucr. 4, 950.

Poppaea Ποππαία.

Porcius Porcia Πόρκιος Πορκία Plut. CIG 3162, add. 2007 c, vgl. CIA III 871.

porcus sp. puerco, πόρκος Plut. Publ. 2, 11, vgl. Porcius.

porcellus, porcinus.

Porphyrion -onis Πορφυρίων -ωνος.

porricio -ectum 3. vgl. polliceor.

porrigo -exi -ectum 3. s. polliceor u. rego.

porro von por- pro- vgl. πόρρω.

porrum und porrus sp. puerro, gr. πράσον.

Porsena Πορσήνας Πορσίνας.

porta πόρτα CIG 8661, Πόρτα Αὐγούστα Ptol. v. πόρος nach Etym. M. 683, 57, sp. puerta.

portendo -endi -entum 3. s. polliceor u. tendo.

portentum.

portentosus.

Porthaon -onis Πορθάων.

Porthmeus Πορθμεύς.

porticus wie porta, πόρτικος Hesychius, πόρτηξ und πόρτικος Const. P. de c. a. oft z. B. S. 22 16, 26 1, 209 13.

portio wie pars partis.

portitor wie porto.

porto 1. v. porta, δηπορτᾶτος Hesych. δεπορτατεύειν πορτάριος byzant.

portorium wie portitor.

Portuuus wie portus.

Portunalis.

portus -us Πόρτῳ CIG 6000, 6307, Πόρτος μᾶγνος Ptol. 2, 3, span. puerto.

portuosus.

posca wie poculum poto, später pusca ϕοῦσκα.

posco poposci 3. aus porsco vgl. precor procax.

possideo -edi -essum 2. vgl. post u. sedeo.

possido 3. ebenso.

possum s. A. R. § 6 E 1.

post vgl. Pomp. comm. S. 115 K. sp. pues despues.

postea.

posteri, posteritas.

posticus.

postquam.

postremus.

postumus Πόστουμος od. Πόστομος (CIG 4957).

postis zu positus gehörig.

postridie v. postereidie.

postscaenium und poscaenium.

postulo 1. aus porstulo wie posco.

postulatio.

postulator.

Postumius von postumus, Ποστούμιος Inscbr. Pol. Dio C. Ποστόμιος Dionys. Πουστούμιος CIA III 1171 29.

potens -entis πότηνς Plut. Numa 9.

potentia Ποτεντία.

potestas von potis, vgl. Pl. Capt. 931, Κλωδία Ποτέστα Phlegon macrob. 2, ὁ ποτεστάτος byz.

potissimus von potis.

Potniae Ποτνιαί.

potulentus wie lentus.

praecello 3. s. percello.

praeceps -ipitis.

praecerpo -erpsi -erptum 3.

praecipio -epi -eptum 3.

praeceptor.

praeceptum.

praecordia w. concordia.

praecox -ocis.

praecutio -ussi-ussum 3.

praeficio -eci -ectum 3.

praefectus πραίφεκτοι Pol.6,37,8,Lyd.u.s.

praefectura.

praefiscine vgl. fascinum.

praefringo -egi -actum 3. s. frango.

praeguans -antis.

Praeneste Πραίνεστον Dionys. Πραινεστός Pl. Πραινέστε Dio C.

Praenestini Πραινεστίνοι.

praeripio -ripui -reptum 3.

praescriptio s. scriptio.

praesens -entis Πραίσης CIA III 1147, Πραί-

σεντι Πραίσεντια
CIG 3175, 3991.
praesentia.
praesideō -sēdī -sēssum
2. wie sedeō.
praestāns -antis.
praestantia.
praesultō l. v. prae-saliō.
praesūmptiō w. sūmō
sūmptum.
praetexō -texuī -textum
3. s. texō.
praetexta.
praetextātus Πραιτεξ-
τᾶτος CIG 2594,
Diod. 12, 53, Lyd.
de mens. 4, 2, mag.
1, 40, Zos. 4, 3.
prāgmaticus πραγματι-
κός von πρᾶγμα.
prandeō prandī prān-
sum 2.
prandium.
Prāxitelēs Πραξιτέλης
vgl. πρᾶξις.
prehendō -endī -ēnsum
und prēndō prēndi
prēnsum3. ebs. com-
prehendō und com-
prēndō, dēprehendō
und dēprēndō.
prehēnsiō und prēnsiō.
premo pressī pressum 3.
für pressum weist
auch das Romani-
sche auf e.
pressō 1.
pressus -ūs.
prēnsō 1.
prex precis.
prīmōrdium s. ōrdior.
prīnceps -ipis vgl. pri-
mus, auch nach dem
Romanischen ī.
prīncipālis.
prīncipātus -ūs.
prīncipium.
Prisciānus von priscus,
Prīscian. Boissieu

S. 120, Πρεισκιανός
IRN 2927.
priscus Priscus vgl. prae.
Prisco Boissieu
Inscr. de L. S. 278,
Priscus CIL III 4914,
VI 1058, 5, 107 vgl.
II 4162 4295 III 3055
VI 3298, Boiss. S.
136, Πρεῖσκος CIA
III 479 9, 1128 86,
113819, 60, 116979,
Πρεισκεῖνος u. a.
pristinus w. priscus prae.
pristis πρίστις.
Privernum Πρίβερι ον
Πριβερνᾶται.
privīgnus vgl. Prisc. 2,
63 S. 82 II. privīgno
CIL VI 3541.
priusquam.
problēma πρόβλημα.
probrum vgl. Cat. 91, 4.
probrōsus.
procāx -ācis.
procella vgl. percellō.
prōcessus -ūs von prō-
cēdō.
prōcīnctus v. prō-ciugō.
Proclēs Προκλῆς.
prōclino 1.
prōclivis u. prōclivus.
Proclus = Proculus Πρό-
κλος CIA III 93 u. s.
Procnē Πρόκνη.
prōcōnsul.
prōcōusulāris.
prōcrāstinō 1. vgl. crā-
stinus.
prōcreō l. s. Pl. Mil. 652.
Procris Πρόκρις.
Procrustēs Προκροίστης.
prōcumbō 3. v. prō-cubo.
prōdigentia.
profectiō w. proficiscor.
profectō, e wie in prae-
fectus.
professor wie profiteor.
profēstus wie festus.

prōficiō -ēci -ectum 3.
proficiscor profectus
sum 3.
profectiō.
profiteor -fessus sum 2.
professiō.
prōflīgō 1. s. Pl. Mil. 230.
prōfluō 3. vgl. Pl. As. 796.
profundus wie fundus.
prōgnātus.
prōgredior -grēssus sum
3. s. gradior.
prōgrēssiō.
prōgrēssus -ūs.
prōiciō -iēcī -iectum 3.
prōiectiō.
prōlectō 1. wie prōliciō.
prōlixus v. prō-līquere?
vgl. Corssen Ausspr.
u. s. w. I² 503.
prōmiscuus wie misceō.
prōmō prōmpsī prōmp-
tum 3.
prōmptus.
prōmuntarium von prō-
munt-(mōns montis).
prōpēnsus.
Propertius umbr. Pro-
partie.
prōpexus s. pectō.
propinquus it. propinquo
vgl. longinquus.
propinquitās.
propinquō 1.
Propontis Προποντίς.
prōportiō s. portiō.
proprius vgl. Hor. ep. 2,
2, 158.
proprietās.
propter Komparativbil-
dung von prope.
proptereā.
prōpūgnāculum.
prōpūgnō 1.
prōripiō -ripuī -reptum3.
prōrsus und prōrsum aus
prōvorsus s. prōsa.
prōscaenium.
prōscrīptiō s. scrīptiō.

prōscrīpturiō 4. ebenso.
Prōserpiaa wie von prō
  und serpō, alt Pro-
  sepnais.
prōsper aus prō spēre.
prōsperō 1.
prōspiciō -spexī -spec-
  tum 3.
prōspectō 1.
prōspectus -ūs.
prōspicieatia.
prōstibulum v. prō-sta-.
prōstituō 3. vou prō-
  statuō.
prōstō 1.
prōtēctor προτήκτορες
  Procop. h.a.24,προ-
  τηκτόρων Coust. P.
  d. c.a.S.397,7,422 6,
  προτίκτωρ (ι = η)
  Inschr. d. Louvre
  (Fröhner 280).
protervus v. pro-torvus.
protervitās.
prōvectus von prō-veho.
prōverbium von prō und
  verbum.
prōvideatia.
prōvincia.
prōvinciālis.
proximus vou proc- vgl.
  prope procul, πρώ-
  ξιμος Coust. P. d. c.
  a. 3942, vielleicht
  nur weil die Silbe
  den Tou hatte, πρό-
  ξιμος Gloss. Basilic.
  und μελλοπρόξιμος
  byz. auch nach dem
  Romanischen o.
prūdēns -entis, Πρού-
  δης CIG 5754.
prūdentia.
psallō 3. ψάλλω (ψάλμα).
psaltērium, psaltria.
pūbertās v.pūber pūberis.
pūbēscō 3. vou pūbēre.
Pūblicius uud Pūblicola
  w. pūblicus Pūblius,

obgl. erst Popli-
  cola, gr. blieb Πο-
  πλικόλας, ebs. Πό-
  πλιος Ποπλιλία u.
  s. w. selteú Ποβ-.
pūblicus pūblicór(um)
  CIL VI 1377, vgl.
  Plaut. Mil.102,103,
  Capt. 331, 496, 805,
  817, 871 und oft.
pūblicāaus.
pūblicātiō.
pūblicitus.
pūblicō.
Pūblilius wie Pūblius.
Pūblius wie pūblicus.
pudēas Πούδης NTest.
  Jos. Phlegon, Πού-
  δεντας Kaibel Syll.
  644.
pudibundus vgl. A. R.
  § 7 B 2.
puella vou puera.
puellāris.
puerpera vou puer-par-
  (pariō).
puerperium.
pugillāris vou pugillus
  Deminutiv zu pug-
  (pūgnus).
pūgna.
pūguāx -ācis.
pūgnō 1.
pūgnus.
pulcer pulcher vgl. Dio-
  medes S. 432, 16 K.
  Πόλχερ CIG 2423,
  CIA III 566.
pulcritūdō.
pūlex -icis.
pullus jung, vgl. Vel.
  Loug. S. 80K. auch
  u. d. Romanischen u.
pullulō 1.
pullus schwarz zu gr.
  πολιός u. palleō geh.
pullātus.
pulmentumumbr.pelmen.
pulmentārium.

pūlmō πλεύμων.
pulpa vgl. pulmentum.
  pulpāmentum.
pulpitum πόλπιτον byz.
puls gr. πόλτος it. polta,
  vgl. polenta.
pulsō 1. w. pellō pulsum.
pulsātiō.
pulsus -ūs von pellō.
pultō 1. = pulsō.
pulvīnus.
pulvīllus Πόλβιλλος
  Diouys.
pulvīnar, -ārium.
pulvis, mit pollen palea
  verwandt, auch n.
  dem Romanischen u.
pulvisculus.
pūmex -icis.
puugō pupugī pūnctum
  3. zu puugō vgl.
  pupugī und pugil,
  pūnctum nach A. R.
  § 6 A 3 und nach
  dem Romanischen.
pūnctim, pūnctum.
pūpillus von pūpulus
  byz. πούπιλος.
pūpilla, pūpillāris.
puppis.
pūrgō 1. aus pūrigō von
  pūrus s. Plaut.Merc.
  738, vgl. Ritschl op.
  II 426 ff. auch nach
  dem Romanischen ū.
pūrgāmentum.
pūrgātiō.
purpura πορφύρα.
purpurātus.
purpureus.
pusillus vgl. A.R. § 7 B 1.
pūstula nebeu pūsula.
pūstulātus.
puter putris putre.
putrefaciō 3.
putreō 2.
putrēscō 3.
putridus.
pūtēscō 3. vou pūtēre.

Pydna Πύδνα.
Pygmaeï Πυγμαῖοι wie
d. f. W.
Pygmaliön -önis Πυγμα-
λίων -ωνος viell. ȳ,
altl. poumiliones.
Pyrgī Πύργοι.
Pyrrha Πύρρα w. Πύρ-
ρος.
pyrrhicha auch πυρίχη.
pyrrhichius.
Pyrrhus Πίρρος.
pyxis wie πύξος buxus.

Q.

quadra κόδρα gl. Cyrill.
quadrāgintā vgl. τεττα-
ράκοντα.
quadrāgēnī.
quadrāgēsimus.
quadrāgiēs.
quadrangulus wie
quadri- vergl. quadra
quadro.
quadrīduum.
quadriennium vergl.
annus.
quadripartītus vergl.
partior.
quadrīga vgl. Verg. Aen.
6, 535; 8, 642.
quadrīgārius.
quadrīgatus.
quadrimus wie quadrīga.
quadringentī vgl. Plaut.
Bacch. 974, 1183,
Rud. 1324 und τε-
τρακόσιοι.
quadringentiēs u. s. w.
quadro 1. vgl. gr.κοδράν-
της u.ΚοδρᾶτοςCIA
III 1122 69, 1138 62,
1186 80, 1300 9 (da-
neben Κουαδρᾶτος
ebd. 118, Jos. u. s.).
quadrantārius.
quadrupēs -edis s. Verg.
Aen. 7, 500; 10,892.
quadrupedāns -antis.

quadruplus vgl. quadrus
und duplus.
quadrus s. quadra.
quāliscunque.
quamdiū.
quamquam u. quan-quam.
quamvīs.
quandō vou quam.
quandōcunque.
quandoquidem aus
quandō quidem.
quantus von quam.
quantillus.
quantopere u. s. w.
quārtus aus quadr-tus,
quārtus CIL III
4959, Quártae V
6091, 7430, Quár-
tillae II 4359.
quārtānus.
quārtārius.
quasillus s. A. R. §7 B1.
quassō 1. von quassum s.
quatiō.
quassātiō.
quaternī von quater.
quaternārius.
quatiō quassum 3.
quattuor wie quater, τέτ-
ταρες.
quattuorvirī u. s. w.
quercus.
quercētum vgl. Κορ-
κοτουλανοί Dionys.
5, 61.
quernus aus querc-nus.
queror questus sum 3.
questus -ūs.
quicunque.
quiēscō quiēvī quiētum
3. n. Gellius 7,15 II.
quiescō, aber diese
Aussprache ist ne-
ben quiēvī, quiētum
schwer glaublich.
Vgl. A. R. § 6 D.
quinctilis von quinctus.
Quinctilius Quinctilio
CIL III 384, 4790.

quincūnx vgl. quinque
und ūncia.
quīndecim wie quīnque,
franz. quinze.
quīndecimvir.
quīngentī vgl.quīnque u.
für e πεντακόσιοι.
quīngēnī.
quīngentiēs.
quīnquātrūs -uum von
quīnquāre vgl. quīn-
que u. Pl. Mil. 691.
quīnque quinque CIL VI
3539, it. cinque, sp.
cinco, fr. cinq, vgl.
quīncentum bei Fe-
stus und quīntus.
quīnquāgintā.
quīnquennium.
quīnquiēs.
quīnquō 1. u. s. w.
quintus Quinctus Quinc-
tius von quīnque,
quīntum Mon. Anc.
(CIL III S. 778, 1),
vgl. CIL III, 2904f.
5453 und VI 1383,
Quīnctia III 4520,
Quīntianus VI 1058,
1, 155, Κόιντος
CIG 2003.
quīntāna.
Quīntiliānus.
quippe von qui (Abl.)
vgl. quīn.
quispiam quidpiam quis-
quam quisquis u. s.
w. s. A. R. § 5 6.
quisque wie quis.
quisquiliae Reduplikat.
vgl. κοσκυλμάτια.
quondam von quom.
quōrsus aus quō-vorsus.
quotannīs s. annus.
quoūsque bess.quōūsque.

R.

rādīx -īcis.
rāmentum aus rād-men-

— 59 —

tum vgl. A. R. § 7
B 2.
rāmex -icis.
Ramnēs vgl. Remus.
Ramnēnsēs 'Ραμνήν-
σης Plut. Rom. 20.
rancidus.
rānunculus A. R. § 7 B 5.
rapāx -ācis.
rapiō rapuī raptum 3.
raptim.
raptō oder rapsō 1.
raptor, raptus -ūs.
rārēscō 3. von rārus vgl.
A. R. § 6 D.
rāstrum(rāster) aus rād-
trum (rādō).
ratiuncula von ratiō vgl.
A. R. § 7 B 5.
Ravenna 'Ράβεννα oder
'Ραούεννα 'Ραβεν-
νησία.
reāpse von rēs und ipse,
āpse alter Abl. fem.
wie eāpse.
rebellis s. bellum, ῥεμ-
πέλος D. C.
rebelliō.
rebellō 1.
recalēscō 3. v. re-calēre.
recēns -eutis, ῥεκέν-
τατον Alex. Trall.
10 p. 587 Steph.
recēnseō 2.
recēnsiō.
recēnsus -ūs.
receptāculum v. recipiō.
recēssus -ūs wie cēdō
cēssum.
recipiō -cēpī -ceptum 3.
receptor.
receptō 1.
reciprocus vgl. Ennius
bei Nonius S. 165.
reclāmō 1. wie d. f. W.
reclūdō 3. vgl. Verg.
Aen. 1, 358. 3, 92.
recōgnitiō.
recōgnōscō 3.

recommentor 1. w. com-
mentor (κομεντα-
ρήσιοι).
reconditus s. condō.
recordor 1. wie cor cor-
dis.
recreō 1. vgl. Pl. Men. 99.
recrēscō 3.
recrūdēscō 3. von crū-
dus abgeleitet vgl.
A. R. § 6 D.
rēctē rēctor rēctus s.
rego.
recumbō 3. wie cubo.
recutiō -cussī -cussum 3.
redarguō 3.
reddō 3. w. redeō redigō
u. s. w.
redigō -ēgī -āctum 3. wie
ago, redāctá CIL VI
701, 702.
redimō -ēmī -emptum
3. 'Ρεδῆνπτα CIG
9811 S.565 vgl. emo.
redemptiō.
redemptor.
redintegrō 1. v. integer.
redundō 1. wie unda.
redux -ucis.
referciō -fersī -fertum 4.
wie farciō.
referendus wovon ῥεφε-
ρενδάριος.
rēfert == rēs fert.
refervēscō 3. von re-
fervēre.
reficiō -fēcī -fectum 3.
refrīgēscō 3. von re-
frīgēre.
refringō -ēgī -āctum 3.
wie frango.
regesta von re-gero, ῥέ-
γεστα Lyd. de mag.
2, 30; 3, 20.
rēgillus Rēgillum 'Ρή-
γιλλον λίμνη 'Ρη-
γίλλη Deminutivbil-
dung v. rēgula Rē-
gulus.

rēgnum régno und régni
Boissieu Inscr. de
L. S. 136, vgl. Prisc.
2, 63 S. 82 H.
rēgnō 1.
rēgnātor, rēgnātrīx.
rego rēxī rēctum 3. réxit
'CIL V 878.
rēctē.
rēctor réctorem Wil-
manns Ex. inscr.104.
rēctus 'Ρῆκτος Dio C.
57, 10, CIG III S.
310 b.
regredior -grēssus sum
3. von re-gradior.
rēiciō -iēcī -iectum 3.
rēiectiō.
relinquō -līquī -lictum 3.
wie reliquus.
relūcēscō 3. v. re-lūcēre.
remānsiō.
rēmex -igis.
reminiscor 3. vgl. com-
miniscor.
remīssiō s. mīssiō.
Remmius == Rammius?
remūlcum v. ῥυμουλκέω.
renīdēscō3. von renīdēre.
repandus wie pandus.
repēns -entis.
repentīnus 'Ρεπεντῖ-
νος CIG 28623, CIA
III 1161 24.
reperiō repperī reper-
tum 4.
repertor.
repleō 2. Verg. Cat. 5,29.
rēpō rēpsī rēptum 3.
rēptō 1.
repraesentō 1. vgl. prae-
sēns -entis.
reprimō -essī -essum 3.
repuerāscō 3. wie in-
veterāscō.
repūgnō 1.
repūgnantia.
repulsa von re-pellō.
resecrō 1. vergl. sacro.

resex -icis.
resideō -sēdi -sessum 2.
s. sedeō.
residō 3. ebenso.
resiliō -siluī -sultum 4.
resultō 1.
resipīscō 3. vou re-sa-
piō vgl. sapīvi.
resistō restitī 3. s. sistō.
respectus -ūs s. respiciō.
respergō -ersī -ērsum 3.
vou re-spargō.
respiciō -exī -ectum 3.
respectō 1.
respondeō -oudī -ōn-
sum 2.
respōnsiō.
respōnsō 1.
respōnsor.
rēspūblica bess. rēs p.
restis.
restiō 'Ρεστίων App.
b. c. 4, 43.
restituō 3. 'Ρεστιτοῦτος
CIA III 817 'Ρεστού-
της Dositheus p. 12
Böckiug.
retiueō -tinui -tentum 2.
retentiō, retento 1.
retrō Verg. Aen. 5, 428.
retrōrsum.
revalēscō 3. v. re-valēre.
revertor revertī 3. wie
vertō.
reversiō.
revivīscō 3. vgl. vīvescō
und A. R. § 6 D.
rēx rēgis vgl. Prisc. 2,
13 S. 53 H. ῥήξ CIG
8727, 8736 u. soust.
Rhadamanthus 'Ραδά-
μανθυς, bei Plaut.
Acc. -antem.
Rhamnūs -ūntis 'Ραμ-
νοῦς -οῦντος wie
ῥάμνος.
rhapsōdia ῥαψωδία wie
hom. ῥάψε.
rhombus ῥόμβος.

rhythmus ῥυθμός.
rīctus s. ringor.
rigēscō 3. vou rigēre.
ringor rīctus sum 3. vgl.
A. R. § 6 A 3.
rīctus -ūs.
rīpēnsis ῥειπήσιος Ed.
Diocl.
rīxa aus rīcta vou rig-
(ringor).
rīxor 1.
rōbustus wie venustus.
rōscidus vou rōs rōris.
Rōscius Róscio CIL VI
2060,5,'Ρώσκιος Pl.
Cic. 3, 5, Pomp. 15.
rōstrum v. rōd-trum (rō-
dō), ῥῶστρον Hes.
rōstra.
rōstrātus, ῥωστράτας
Paian. Eutr. 2, 20.
rotuudus s.A.R. § 7 B 2.
rotunditās, rotuudō 1.
Rōxanē 'Ρωξάνη.
ruber rubra rubrum.
rubēscō 3. vou rubēre.
rubicundus A. R. § 7 B 2.
rubrica obgl. ū schon Pl.
Truc. 2, 2, 39.
Rubrius 'Ρόβριος CIA III
1276.
rūctō u. rūctor 1. v. rug-
vgl. rugere ērugere
Fest. gr. ἐρεύγω, ū
nach A. R. § 6 A 3.
rūctus -ūs.
rudēns -entis.
rudimentum vgl. A. R.
§ 7 B 2.
rumex -icis.
rumpō rūpī ruptum 3.
vgl. rupex legirupa
Plaut. Pseud. 364,
975 und ital. rompo
ruppi rotto, rupta
(via) it. rotta, sp.
portg. prov. rota.
ruptor.
runcina gr. ῥυκάνη.

rūrsus aus re-vorsus.
rūscus aus rubscus vgl.
rubus.
Rusellae Rosello, 'Ρου-
σέλλαι Ptol. 'Ρουσι-
λανοί Dionys. 3, 51.
russātus von russus das
etym. (aus rut-tus
vgl. rutilus) u. n. d.
Romauischen u hat,
byz. ῥούσιον russe-
um (Circuspartei)
z. B. Auth. Plan.
386 f. rusus auch b.
Gell. 2, 26, 6.
rūsticus vou rūs.
rūsticānus.
rūsticitās.
rūsticor 1.
rutrum vgl. Pompon. bei
Nouius S. 18.

S.
Sabellī Σάβελλοι u. so
Σαβέλλιος Σαβελ-
λικός.
saburra wie sabulum.
succus Dem auch saculus
(Auth.L.563Meyer).
sacellum von sac(e)rum.
sacer sacra sacrum.
sacerdōs Σακέρδως
Dosith. (VII p. 303
Keil) Dio C. 59, 22
u. luschr. nach dem
Etym. M. v. ἔρδειν.
sacro 1.
sacrāmentum.
sacrārium.
sacrificō 1.
sacrilegus u. s. w.
sagax -ācis.
sagitta vgl. Pl. Trin. 242.
sagittārius.
sagittō 1.
sāgmen s. A. R. § 1.
Sagra, wahrscheinlich a
(gr. Komiker).
Saguntus Ζάκυνθος Σά-
γουντον.

salāx -ācis.
salebra Hor. ep. 1, 17, 53.
salebrōsus.
Sāllentīnī, Sālentīnī *Σα-
λεντῖνοί.*
Salernum *Σάλερνον.*
salictum s. salix.
salīgneus und salīgnus.
saliō saluī saltum 4.
saltus -ūs Sprung und
Trift.
salix -icis.
salictum.
sallō (salliō) sallī salsum
3. wie saliō salzen.
Sāllustius Sālustius *Σα-
λούστιος.*
Salmacis *Σαλμακίς* wie
Salmōneus *Σαλμωνεύς*
vgl. *ἅλς.*
salsus s. sallō.
salsāmentum.
saltem von sal- (salūs).
saltō 1. v. saliō saltum.
saltātiō.
saltātor, saltātrīx.
saltus -ūs s. saliō.
salūber -ūbris -ūbre.
salūbritās.
salvus vgl. salūs.
salveō 2. Salvius.
sambūcus neben sabūcus
(die 1. S. kurz b. Ser.
Sammon. 47, 97).
Samnīs -ītis wie Sabīnus.
Samnium.
Samothrācē vgl. Verg.
Aen. 7, 208.
Samothrāx -ācis.
sanciō sanxī sancītum
u. sanctum 4. v. W.
sac (sacer), *Σάγκτος*
Euseb. hist. eccl. 5,
1, aber sáncta CIL
V 2681, sactissime
6580, osk. saahtom.
sanctus, sanctitās.
sanctuārium.
Sancus *Σάγκος.*

sandȳx -ȳcis.
sanguīs (sanguen).
sanguineus.
sanguinolentus.
sanna und sanniō gr.
σάννας, vgl. *σαίνω.*
sūperda *σαπέρδης.*
sapiēns -entis *σαπίηνς*
Plut. Tib. Gr. 8.
sapientia.
sarcina wie sarciō.
sarciō sarsī sartum 4. v.
W. sar sal (salūs).
sarcophagus wie *σάρκες.*
sarculum wie sariō.
Sardanapāllus u. -pālus
Σαρδανάπαλος.
Sardinia *Σαρδώ.*
Sardēs *Σάρδεις.*
sardonyx -ychis *σαρδό-*
νυξ.
Sūrmatae *Σαρμάται* mit
Sauromatae gleich-
gesetzt.
Sārmatia, Sārmaticus.
sarmentum zu sarpō (vgl.
sirpus) gehörig, Sar-
mentus *Σάρμεντος*
Plut. Ant. 50.
Sarpēdōn Gen. -onis u.
-ōntis n. Serv. z. Aen.
1, 100, *Σαρπηδών.*
sarrācum dann serrācum
σαράγαρον.
Sārsina Sāssina, Sássi-
nas Inschr. bei Bor-
mann (Festschr. u.
s. w.) nr. 62.
satelles vgl. Pl. Trin. 833.
satrapa vgl. Ter. Haut.
3, 1, 43.
satrapēa *σατραπεία.*
Sāturnus.
Sāturnālia.
Sāturnius *Σατορνία*
CIG 2016 d, Dionys.
1, 18, 20.
Sāturninus *Σατορνῖ-*
νος Plut. CIG 1079,

6286, add. 1997 c,
CIA III 627, *Σατυρ-*
νῖνος 2043 u. sonst.
Saxonēs.
saxum von W. sac (seco).
saxātilis.
saxeus.
saxifragus, *σαρξίφα-*
γος Alex. Tr.
scabellum vgl. scamnum
und A. R. § 7 B 1.
scaber scabra scabrum.
Scaldis Schelde.
scalpō scalpsī scalptum
3. vgl. d. Vokalw.
v. a zu u in sculpō.
scalpellum.
scalprum.
scalptor.
Scamander *Σκάμανδρος.*
scamnum wie scabellum.
scandō scandī scānsum 3.
Scantius.
Scantīnius, auch Scā-
tīnius geschrieben.
Scaptēnsula gr. *Σκαπτὴ*
ὕλη.
scatebra Verg. g. 1, 110.
scelestus wie modestus.
scepticī *σκεπτικοί.*
scēptrum *σκῆπτρον.*
scientia vgl. A. R. § 7 B 2.
scindō scidī scissum 3.
vgl. dīscidium und
A. R. § 6 A 3. Viel-
leicht weist auch
das Fehlen von ab-
scissum und excis-
sum und deren Ver-
tretung durch abs-
cīsum und excīsum
auf ī in scīssum u.
seinen Kompositis.
scintilla.
scintillō 1.
sciscō v. scīre [desc]l-
scentem Mon. Anc.
(CIL III S. 782,
28).

sciscitor 1.

scomber σκόμβρος.

scorpiō σκορπίων.

scortum zwar == scrautum scrōtum, vgl. Varro d. l. l. 7, 5, 96 u. Fest. p. 333, aber wie por-prō-, certus crētus.

scorteus.

scortor 1.

scriblita σκριβλίτης Ath. 647 c, vgl. Afran. 161 Ribb.

scrībō scripsi scriptum 3. scriptum CIL VI 2011,vgl.222,2041, 56, conscreiptum I 206, 87, 109, descriptum Mon. Anc. (CIL III S. 863, 26), umbr. screihtor == scriptī.

scriptiō.

scriptitō 1.

scriptor.

scriptūra, -rārius.

sculpō sculpsī sculptum 3. s. scalpō.

sculpōneae.

sculptilis, sculptor, sculptūra.

scurra wohl Ablg. v. sec- (sequor) w. sculna.

scurrilis, scurrilitās.

scurror 1.

scutra s. Caecil.68 Ribb.

scutella σκούτελλον gloss. Cyr.

Scylla Σκύλλα.

sēcernō -crēvī -crētum 3. s. cernō.

sēcrētum ἀσηκρῆτις.

sēcessiō w. cēdō cessum.

sēcessus -ūs ebenso.

sēclūdō 3. von sē-claudō.

seco secuī sectum 1.

sectilis.

sectiō, sector.

secta von sec- (sequor) vgl.d.Frgm. de acc. e cod. Bob. S. 142. Endl. ebs. nach d. Romanischen c.

sector 1. wie secta.

sectātor.

secundus == sequendus, Σέκονδος CIG 5341, 5600, 5942, Σακόνδα CIA III 1568, auch n. d. Roman.u.

secundum.

secundō 1.

secundārius.

sedeotārius vgl. sedēns -entis u. Pl. Aul. 3, 5, 39.

sedeō sēdī sessum 2. s. A. R. § 6 A 3.

sessilis.

sessiō, obgleich σεσσιῶνες Ed. Diocl.

sessitō 1.

sessor Plut. Galba 28 ist σησσώριον zu schreiben nach d. hs. σηστέρτιον.

Segesta Σεγέστη.

segestre σέγεστρον Ed. Diocl.

segmen, segmentum σηγμέντα u. σημέντα Lyd. de mag. 2, 4 u. 13, χρυσοσήμεντα Const. P. de c. a. S. 341, 5.

segmentātus.

segnis, sēgnis hercul. Papyrus (Bährens poet. l. min. I. p. 213).

sēgnitia.

sēgregō 1.

sēligō -lēgī -lēctum 3. s. lego.

Selinūs -ūntis Σελινοῖς -οῦντος.

sella von W. sed wie scāla von W. scad

vgl. grāllae, später freilich ε σέλλα σελλάριος Lyd.de mag. 1, 32, 37, Suid. in ἀφ' ἑδρῶν u. κέλης sellisternium vergl. sternō.

sellula, sellulārius.

sēmentis von sēmen.

sēmentivus σημαντίβαι Lyd. de mens. 3, 6, vgl. 4, 93.

sēmēstris aus sē (sex)-mēnstris.

sēmiermis vgl. arma.

sēmissis vgl. as assis centussis.

semper σέμπερ, span. siempre, mit semel simul nächstverw.

sempiternus.

Semprōnius Σεμπρώνιος Σεντρώνιος.

sēmūnciā vgl. ūncia.

sēmūnciārius.

sēmūstus von sēm-ūrō.

senātūs cōnsultum.

senectus alt wie senex.

senectūs -ūtis Alter vgl. Plaut. Trin. 398.

senēscō 3. von senēre.

senex s. Plaut. Most. 952.

sēnsim.

sēnsus -ūs.

sententia wie sentiō.

sententiōsus.

sentīna.

Sentinum Σεντῖνον Str. Σεντινᾶται Polyb.

sentiō sēnsī sēnsum 4.

sentiō n. d. Roman.

sentīscō 3.

sentis Dornstrauch.

sentus dornig.

Sentius Σέντιος.

seorsum aus sē-vorsum vgl. vertō.

sepeliō sepelīvī sepultum 4.

— 63 —

sēps hess. saeps saepis.
septem gr. ἑπτά, auch
    nach d. Roman. e,
    vgl. septumus Pl.
    Pseud. 597 in Ana-
    pästen, Σεπτέμπε-
    δαStr. Ptol. Σεπτο-
    μόντιον Plut.
septemvir σεπτεμουί-
    ρουμ CIG 3548.
septennis.
septentriō.
septimus Σέπτουμος
    CIG 1925.
septingentī ἑπτακό-
    σιοι.
septuāgintā ἑβδομή-
    κοντα.
September Σεπτέμβριος
    Dionys. Plut. Lyd.
Septimius Σεπτίμιος Dio
    C. CIA III 10.
septūnx-ūncis wie ūncia.
sepulcrum wie sepultum
    s. sepeliō.
sepultūra wie d. v. W.
sequāx -ācis.
sequester A. R. § 7 B 4.
Sergius vgl. Diomed. S.
    432 K. Σέργιος Σερ-
    γία z. B. CIG 3786.
sermō w. sero disertus.
sermōcinor 1.
sero seruī sertum 3.
serpēns -entis vou serpō,
    span. sierpe.
serpō serpsī 3. gr. ἕρπω.
    vgl. serpēns.
serpyllum ἕρπυλλον.
serra span. sierra.
serrātus.
Serrānus alt Sar-Σερρα-
    νός Plut. 'ἀπὸ τοῦ
    σπείρειν' Lydus.
Sertōrius Σερτώριος Pl.
    CIA III 1202 70, 77.
sertum Kranz wie sero.
Servīlius Σερουίλιος
    Σερβίλιος.

serviō 4. wie servus.
Servius Σερούιος Σέρ-
    βιος.
servō 1. wie serviō ser-
    vus, Σερβάτου CIG
    3378.
servābilis.
servātor.
servus σέρβος Lyd. de
    mag. 1, 11, wie Ser-
    vius vgl. Charis. 11,
    obs. n. d. Roman. e.
servitium.
servitūdō.
servitūs -ūtis.
sēscentī v. sexcentī vgl.
    Sēstius u. centum.
sēscūncia (alt sesconcia)
    aus sēsqui u. ūncia.
sēscuplus sēscuplex -icis
    v. sēsqui, vgl. du-
    plus, σήσκουπλα
    Didymos bei Prisc.
    de fig. num. 18.
Sesōstris Σέσωστρις.
sēsqui aus sēmisqui σῆσ-
    κουας (1½ As) Did.
sēstertius von sēmis
    u. tertius, σηστέρ-
    τιουμ Didymos.
Sestīnum Σέστιον St. B.
Sēstius aus Sextius, Σή-
    στιος Cic. ad Att.
    7, 17, 2, Plut. Cic.
    26, Brut. 4, Ptol. 2,
    6, 3, CIA III 1450.
Sēstos Sēstiī Σηστός
    Σήστιοι.
sex gr. ἕξ vgl. sextus,
    auch n. d. Rom. e.
sexāgintā ἑξήκοντα.
sexennium vgl. annus.
sextus Sextus von sex,
    gr. Σέξτος Σέξτος
    Σέκστος u. Ἕξστος
    Inschr. u. Hss. z. B.
    CIA III 93,592,603,
    1005, 1035, Galen
    XIV S. 651.

sextāns -antis.
sextārius ξέστης.
Sextilis Σεξτίλιος
    Plut. App.
Sextius Sextilius Σέξ-
    τιος Σεξτίλιος.
sextula.
sexus -ūs von sec- (seco
    resex).
Sibylla Σίβυλλα.
Siecius Σέκκιος Kaibel
    add. 772 a, vergl.
    Sicinius.
siccus, nach dem Rom. i.
    siccitās.
siccō 1.
Sigambrī, Sugambrī.
sigillum Deminutiv von
    sig- (signum).
Signia Seig- CIL I 11.
    Signīnī.
signum sIgna Boissieu
    Inscr. de L. S. 606.
signifer.
significō 1.
signō 1. u. s. w.
silentium σιλέντιον Lyd.
    de mens. 1, 26, de
    mag. 2, 17 u. a.
silentiārius σιλεντιά-
    ριος.
silēscō 3. von silēre.
silex -icis.
silicernium, die Alten
    hörten darin cernō.
silva vgl. silua Hor. c.
    1, 23, 4, ep. 13, 2.
Silvānus.
silvēscō 3.
silvester.
Silvius.
silvōsus u. a.
simplus wie semel simul.
simplex -icis.
simplicitās.
simpulum umbr. sepl-.
simulācrum von simu-
    lāre gleichen.
simultās von simul.

sincērus, sin- wohl zu
semel similis geh.
sinciput aus sīn (sēmi)-
caput.
singultus -ūs w.singulus.
singultim.
singultō 1.
singulus, span. sendos,
portug. senhos(altp.
selhos), wie semel.
singillātim auch sīgil-
lātim vgl. Fleck-
eisen 50 Art. S. 29.
singulāris.
singulāritās.
sinister Komparativ zu
sinis (sinus).
sinistrōrsus aus sinistrō-
vorsus vgl. quōrsus.
Sinuessa Σινόεσσα Str.
Σινοεσσανοί Polyb.
Sipontum neben Sipūs
gr. Σιπούς -ούντος.
sirpus mit sirpe sarpere
verwandt?
sirpeus.
sirpiculus, Pl. Capt.
816 surpiculus.
Sisenna Σισέννας Σισέ-
νας.
sistō stitī statum 3.
sistrum σείστρον.
sitella von situla.
smaragdus vgl. Mart. 5,
11, 1.
Smyrna Σμύρνα.
sobrinus wie soror.
sōbrius aus sve-ēbrius,
vgl. Plaut. Mil. 812.
saccus σάκχος, συκχάς
(JacobsA. G. 8,160).
sōcors -ordis wie cor
cordis.
sōcordia.
Sōcratēs Σωκράτης.
socrus wie socer vgl.
Ter. Hec. 4, 4, 83.
Sogdiāna Σογδιανή.
soldus = solidus.

sollemnis vgl. sollers,
σολέμνον Novel-
lae, Suidas.
sollemnitās.
sollers -ertis aus soll-
ars, vgl. Diom. S.
431, 21; 432, 13 K.
sollertia.
sollicitus wie sollers.
sollicitō 1.
sollistimus Sup. v. soll- s.
sollers u. magister.
sōlstitium wie sōl.
sōlstitiālis.
solvō solvī solūtum 3.
Solūs -ūntis Σολούς
-ούντος.
somnus span. sueño, für
sop-nus vgl. sopor.
somnium.
somniō 1.
somnulentus.
sōns sontis vgl. Schmitz
Beitr. S. 10.
sonticus.
Sophoclēs Σοφοκλῆς.
Sōphrōn -onis Σώφρων
-ονος.
Sōracte vgl. Sōra.
sorbeō sorbuī 2. vgl.
ῥοφέω.
sorbilō 1. nicht sor-
billō.
sorbus.
sorbum sp. serba aus
suerba vergl. Diez
Wörterb. I S. 178.
sordēs.
sordeō 2.
sordēscō 3.
sordidātus.
sordidus σόρδιδος He-
sychius.
sōrex -icis.
Sōrnātius Σωρνάτιος
Plut. Luc. 17 ff.
sors sortis span. suerte.
sortior 4.
sortītiō.

sortītus -ūs.
sōspes -itis Scispitei
CIL I 1110, vgl. gr.
σῶς,Σῶσπις CIA III
1161 20, 1193 19, Pl.
Qu. symp.9,5 u.13.
sōspita.
sōspitō 1.
spādīx -icis.
spargō spārsi spārsum 3.
vgl. spurius σπορά,
ä nach A.R. § 6 A 3.
Sparta, Spartānus.
Spartacus = Σπόρδοκος
(Herodian I S. 150,
22 Lentz).
spectō 1. wie speciō.
spectābilis σπεκταβί-
λιος byz.
spectāculum.
spectātus.
spectrum wie spectō
speciō.
speculātrīx -īcis wie
speculātum.
spēlunca σπήλυγξ.
Spercheūs Σπερχειός.
Sperchēis.
spernō sprēvī sprētum
3. s. certus crētus.
Sphinx, Sphinga gr. auch
Φίκα.
spinter von σφιγκτήρ (e
als Neutr. w. iter).
Spinthēr σπινθήρ.
spinturnix -icis = σπιν-
θαρίς (Festus).
spirāmentum s. A. R.
§ 7 B 2.
spissus ital. spesso,span.
espeso.
spissō 1.
splendeō 2.
splendēscō 3.
splendidus.
splendor.
sponda.
spondeō spopondī spōn-
sum 2. vgl.σπονδαί.

spōusa.
spōnsālia.
spōnsiō u. s. w.
spondēus σπονδεῖος.
spongia σπογγιά.
sponte wie monte v. mōns.
sportula v. sporta span.
espuerta, σπόρτου-
λα schol. Aristoph.
Nub. 1136 Hesych.
Lyd. de mag. 3, 59.
sportella.
spūmēscō 3. von spūma
vgl. A. R. § 6 D.
spurcus.
Spurinna von spur-
(spurius).
squilla σκίλλα.
stāgnō 1.
stāgnum Teich vergl.
Prisc. 2, 63 S. 82 H.
stāgnōsus.
stānnum neben stāgnum
Zink.
Statiellī Ἄκουαι Στα-
τιέλλαι Str. 5, 217.
stella vgl. gr. ἀστέρες,
aber franz. étoile.
stellō 1.
Stellātina tribus Στηλατ-
Eph. epigr. IV p. 221
u. Joseph. Στελ-CIG
6010.
stēlliō besser stēliō.
stemma στέμμα.
Stentor Στέντωρ.
stercus.
stercorō 1.
Sterculius Στερκόριος
CIG 9553.
sternō strāvī strātum 3.
vgl. storea στορέν-
νυμι.
sternāx -ācis.
sternuō 3. gr. πτάρνυμι.
sternūtāmentum.
stertō 3.
Stertinius Στερτίνιος
CIG 2003, Pl. Diod.
Marx, Hulfsbüchlein.

stilla von stīr-(stīria), it.
stilla.
stīlicidium nicht stīll-.
stīllō 1.
stīpendium στιπένδιον
gl. Bas. s. pendō.
stīpendiārius.
stips stipis.
stirps stirpis.
stirpitus.
strāmentum wie strā-
men.
strangulō 1. vgl. stringō
und στρογγύλλω.
strēnna und strēna στρῆ-
να Athen. 3, 97,
Lyd. de mens. 4, 4.
stringō strīnxī strīctum
3. vgl. striga stri-
gilis strigōsus; ī
nach A. R. § 6 A 3.
strīctim.
strīctus.
strix strigis.
struo strūxī strūctum 3.
vgl. Gellius N. A.
12, 3 (oben S. 6);
die rom. Sprachen
weisen auf strūgō
für struo hin.
strūctor.
strūctūra.
stultus wie stolidus,
auch nach dem Ro-
manischen u.
stultitia.
stupēscō 3. von stupēre.
stūppa u. seltener stūpa.
stuprum Hor. c. 4, 5, 21.
stupro 1.
sturnus.
Stymphālus Στύμφαλος.
Styx Stygis.
subdiālis.
subditus v. sub-dō.
subigō -ēgī -āctum 3. s.
ago.
subiciō -iēcī -iectum 3.
subiectiō.

subiectō 1.
subiectus.
subinde wie inde.
sublica von sub-lic- vgl.
licinus.
sublicius.
subligar wie sub-ligo.
sublīmis wie sub-līmen.
sublīmitās.
sublūstris wie inlūstris.
subscūs-ūdis auch sūscūs
v. subs-cūd-(cūdō).
subsecīvus vgl. sub-seco.
subsēllium wie sēlla,
byz. σουβσέλλιον.
subsēricus σουψηρικόν
συψιρικόν Ed. D.
subsidium von sub-sed-
(sedeō).
subsīdō -sēdī -sēssum 3.
vgl. sedeō.
subsiliō -siluī -sultum 4.
substrāmen.
substrūctiō vgl. struo
strūctum.
subsultō 1. wie sub-saliō.
subtēgmen u. subtēmen.
subter Komp. zu sub-.
subterrāneus s. terra.
subtīlis vgl. texō tēla.
subtīlitās.
subtus von sub.
subvectō 1. w. veho vec-
tum.
succ- in Zusammenset-
zungen aus subc-.
succēdō succīdō suc-
crēscō 3. u. s. w.
succendō -cendī -cēn-
sum 3. w. incendō.
succēnseō 2.
successor u. successus
-ūs wie cēdō cēssum,
freil. Σουκεσσιανός
Zosim. 1, 32.
succīdia wie suc-cīdō
(caedō).
succiduus wie suc-cidō
(cado).

succinō -cinuī -centum 3.
succumbō 3. v. suc-cubō.
succutiō -cussī -cussum
  3. von sub u. quatiō.
suēscō suēvī suētum 3.
Suessa Suessula Σύεσσα
  Σουέσσουλα.
Suessiōnēs Σουεσσιῶ-
  νες.
suff- in Zusammenset-
  zungen aus subf-.
sufficiō -fēcī -fectum 3.
suffiō 4.
suffrāgium zu frangō wie
  contāgiō zu tangō.
suffrāgor 1. vgl. d. v. W.
suffringō -ēgī -āctum 3.
  wie frangō.
suggerō 3. v. sub u. gero.
suggestus -ūs u. sug-
  gestiō byz. σου-
  γέστιον.
suggillō 1.
suggredior -grēssus sum
  3. von sub-gradior.
sūgō sūxī sūctum 3.
Suillius Σουέλλιοι Plut.
  Qu. Rom. 41.
suillus von suīnus.
sulcus ὁλκός.
sulcō 1.
Sulla gr. Σύλλας.
Sulmō vgl. Ov. fasti 4,
  79 f.
Sulpicius Σολχίχιος CIG
  2416, Σολπιχιαγός
  2590.
sulpur wie Sulpicius?
sulpureus.
sulpurō 1.
Summānus v. sub-mānus.
summus Superl. zu super.
summās.
summātim.
sūmō sūmpsī sūmptum 3.
sūmptiō.
sūmptuōsus.
sūmptus -ūs.
supellēx -ēctilis von

super-leg-(lego), m.
  verkürzter 2. Silbe
  Pl. Stich. 62, Poen.
  5, 3, 26, -lēx -lēc-
  tilis w. lēctum v.
  lego.
superbus Σούπερβος
  Plut. Lyd.
superbia.
superbiō 4.
supercilium vgl. conci-
  lium.
superficiēs von super-
  faciēs.
superfluus.
superous wie superus.
supernās.
superstes -itis von su-
  per-sta-.
superstitiō w. superstes.
superstitiōsus.
supervacāneus.
supp- in Zusammenset-
  zungen aus subp-.
sūpparum daneben auch
  sūparum und sīpa-
  rum, σείφαρον auf
  ephes. Inschr.
suppeditō 1. von sub u.
  ped- (pedes).
supplēmentum von sup-
  ple- (pleo).
supplex -icis von sup-
  plic-.
supplicātiō.
supplicium.
supplicō 1.
supprimō -essī -essum 3.
suprā Hor. c. 3, 19, 15.
suprēmus vgl. Verg.
  georg. 4, 460.
sūrculus von sūrus
  nach Festus.
surdus, nach dem Ro-
  manischen u.
surdaster vergl. ole-
  aster.
surditās.
sūrgō surrēxī surrēc-

tum 3. aus su(b)-
  r(e)go.
Surrentum Σύρρεντον
  Strabo, jetzt Sor-
  rento.
Surrentīnī Συρρεντῑ-
  νοι.
surripiō -ripuī -reptum 3.
sūrsum auch sūsum aus
  sub-vorsum.
sū-, sūs- in Zusammen-
  setzungen aus subs-
  vgl. A. R. § 6 C
  2 b.
sūscipiō -cēpī -ceptum 3.
  aus su(b)s-capiō.
sūsceptiō.
sūsceptō 1.
sūscitō 1. aus subs-cito.
sūspendō -pendī -pēn-
  sum 3.
sūspendium.
sūspēnsus.
sūspiciō -exī -ectum 3.
  aus su(b)s-speciō.
sūspectō 1.
sūspectus.
sūspicāx- ācis.
sūspicor 1.
sūspiciō w. sūspiciō 3.
sūspiciōsus.
sūspirō 1. aus su(b)s-
  spirō.
sūspirium.
sūsque dēque aus su(b)s-
  que.
sūstineō -tinuī -tentum
  2. aus su(b)s-teneō.
sūstentāculum.
sūstentātiō.
sūstentō 1.
susurrus Reduplikation.
susurrātiō.
susurrō 1.
sūtrīna wie sūtor.
Sūtrium, jetzt Sutri vgl.
  Plaut. Cas. 3, 2, 10.
syllaba συλλαβή.
syllēpsis σύλληψις.

Symplēgades *Συμπλη-*
γάδες.
symposium *συμπόσιον.*
synthesis *σύνθεσις.*
Syphāx -ācis.
Syrtis *Σύρτις.*

T.

tabella von tabula vgl.
Diomed. S. 431, 3,
432, 27 K.
tabellārius *ταβελλίων*
Suidas.
taberna *ταβέρνα* Apostel-
gesch. 28, 15 u. oft.
tabernāculum vergl.
Plaut. Trin. 726.
tabernārius *ταβερνα-*
ρία Lyd. de mag.
1, 40.
tābēscō 3. von tābēre.
tablīnum wie tabula.
Taburnus jetzt Taburno.
taciturnus vgl. A. R.
§ 7 B 3.
taciturnitās.
tāctus -ūs s. tangō.
Talāsiō, nicht Talāssiō.
talentum *τάλαντον.*
talpa.
Talthybius *Ταλθύβιος*
vgl. *θάλλω θάλος.*
tamdiū.
tametsī.
tamquam und tanquam.
Tanagra.
tandem zu tam w. quan-
dō zu quam.
taugō tetigī tāctum 3.
statt tangō alt auch
tago vgl. Plaut. Mil.
1092 u. Brix zu d.
St. vgl. auch tagāx
contingō contiguus
und A. R. § 6 A 3.
tāctiō.
tāctus -ūs.
Tantalus *Τάνταλος* Re-
duplikation.

Tantalis.
tantus von tam.
tantillus von tantulus.
tantisper vgl. magis.
tantopere.
Tarās -antis.
Tarbellī *Τάρβελλοι*
tardus.
tardēscō 3. A. R. § 6 D.
tarditās.
tardō 1.
Tarentum.
Tarentīnus *Ταρεντῖ-*
νος Anth. 7, 198,
295, Taretīnās mit
kurzer 2. S. Plaut.
Truc. 3, 1, 5.
tarmes u. termes zu tero
gehörig.
Tarpēius wie d. f. W.
Tarpēia.
Tarquinius mit torqueō
verwandt?
Tarquinii.
Tarracīna, auch Tarac-,
vielleicht Tār-.
Tarracō.
Tarsus auch *Τερσός.*
Tartarus *Τάρταρος* Re-
duplikation.
tartareus.
Tartēssus *Ταρτησός.*
Tatiēnsēs *Τατιήνσης* Pl.
Rom. 20.
tāxillus kleiner Würfel
Deminutiv zu tālus.
tāxō 1. von tag- (tangō)
tāx- = tāct-.
taxus *τάξος.*
Tecmēssa *Τέχμησσα.*
Tectosagēs *Τεκτόσαγες*
-*σάγαι.*
tēctum Dach s. tego.
tegimen und tēgmen,
tegimentum und tēg-
mentum vgl. A. R.
§ 1, § 7 B 2.
tego tēxī tēctum 3.
téctor Wilm. Ex.

inscr. 405, vgl. prō-
tēctor u. A.R. § 6A 3.
tēctor.
tēctōrius.
tēctum.
Telchīnes *Τελχῖνες.*
Tellēna *Τελλῆναι* Str.
tellūs von tol- (tulī
tollō).
Telmēssus *Τελμησσός.*
temnō 3. w. contemnō.
Tēmnus *Τῆμνος.*
Tēmuiī, Tēmnītae.
Tempē *Τέμπη.*
temperō 1. wie tempus.
temperāmentum.
temperantia.
temperātiō.
temperiēs.
tempestās von tempus
vgl. A. R. § 7 B 4.
tempestīvitās.
tempestīvus.
templum vgl. gr. *τέμενος*
und tempus, *τέμπλα*
Hesych. Suidas.
temptō 1.
temptābundus vgl. A.
R. § 7 B 2.
temptāmen.
temptāmentum.
temptātor.
tempus Zeit sp. tiempo,
tempora Schläfe,
τέμποραι D. C.
temperī.
temporālis *τεμπορα-*
λίας Lyd. de mag.
2, 15.
temporārius.
Tempyra.
tēmulentus s. lentus.
tenāx -ācis.
Tencterī *Τέγκτεροι* Plut.
Dio C.
tendō tetendī tēnsum
und tentum 3. von
W. ten (teneō und
τείνω), *ἀττένδερε*

5*

Lyd. de mag. 1, 13,
τέντα Zelt Const. P.
de c. a. S. 341 17,
466 2, 499 16, τένδα
Suidas, vgl. span.
tienda Zelt, ten-
tum == tentum v.
teneō.
tendicula.
tentīgō.
tentōrium.
tenebrae z. B. Verg. Aen.
2, 92, Τενέβριον
ἄκρον.
tenebricōsus.
tenebrōsus.
tencō tenuī tentum 2.
tencrāscō 3. wie inve-
terāscō.
tēnsa thēnsa, θήσσας
Plut. Coriol. 25.
tēnsiō.
Tentyra Τέντυρα Str.
tepēscō 3. von tepēre.
terebinthus τερέβινθος
wie hyacinthus.
terebra wie
terebrō 1. vgl. Verg.
Aen. 2, 38; 3, 635.
Terentius Τερέντιος z. B.
CIG 3003, 3475.
Terentiānus Τερεντι-
ανός IRN 4313, Τε-
ρεντῖνον Kuchen
Athen. 14, 647 c.
Terentus (lūdī Terentīnī)
nach Verrius 'a te-
rendo', wie Taren-
tum Tarentinī nach
Zosim. 2, 1.
tergeō tērsī tērsum 2.
u. tergo 3. mit τέρ-
σω τέρθω trockne
verw. ō nach A. R.
§ 6 A 3.
tērsus.
Tergestē Τεργέστη Τέρ-
γεστον (App. III. 18),
im Reim mit The-

veste Θεονέστη test.
Porcelli.
tergum -ī und tergus
-oris Rücken Haut
Plur. zuw. tegora,
vgl. Plaut. Capt. 899
und Varro d. l. l.
5, 110.
tergiversor 1.
termes wie τέρην.
Termēssus Τερμησσός,
auch Termēnsēs CIL
I 204.
terminus griech. τέρμα
Τέρμων Plut. Numa
16, Τέρμινος und
Τερμινάλια Plut.
Quaest. Rom. S.
267 C, vgl. D. C.
auch nach d. Ro-
manischen e.
Terminālia.
terminātiō.
terminō 1.
terni von ter.
Terpsichorē Τερψιχόρη.
terra zu torreō gehörig
vgl. extorris, τέρα
D. C. span. tierra.
terrēnus.
terrester.
terreus.
terrigena.
territōrium.
terreō 2. wie tremo und
ἔτρεσα.
terribilis.
terrificō 1.
territō 1.
terror.
tersus s. tergeō.
tertius von ter, Τέρτιος
CIA III 1121, 1134,
1202, franz. tiers.
tertiānus, tertiārius.
Tertullus Tertulliānus
Τέρτυλλος, wie ter
Tullus (Capitolin M.
Aur. 29).

terūncius wie ūncia.
tesca tesqua m. Τέστρου-
να (Dionys.) ver-
wandt?
tessera.
tesserārius τεσσερά-
ριος Plut. Galb. 24.
tēsta aus tersta von
ters- (torreō).
tēstāceus.
tēstula.
tēstis aus terstis.
tēstāmentum osk. tri-
staamentud.
tēsticulus.
tēstificor.
tēstimōnium.
tēstor 1.
tēstu und tēstum wie
tēsta.
tēstūdō wie tēsta von
ters- (torreō).
tēstūdineus.
tetrarcha τετράρχης.
tetrarchia τετραρχία.
tetricus Tetrica Verg.
Aen. 7, 713, Kaiser
Τέτριχος.
Teuthrās -antis.
texō texuī textum 3. von
W. tec (τέχνον τέχ-
νη) vgl. praetextā-
tus, auch nach dem
Romanischen e.
textilis, textor.
textrīna.
textrīnum.
textūra.
textus -ūs.
Thapsus Θάψος, aber
Tampsitanorum CIL
I 279 weist auf ā.
Thaumās -antis Θαύμας
-αντος.
Thaumantēus.
Thaumantias.
theātrum θέατρον, vgl.
Plaut. Pseud. 1081.
theātrālis.

Themistoclēs Θεμιστο-
κλῆς.
Theocritus Θεόκριτος.
Theognis Θέογνις.
Theophrastus Θεόφρα-
στος.
Theopompus Θεόπομ-
πος.
Therapnae Sil. It. 13,43.
thermae θέρμαι.
Thermaicus Θερμαικός.
Thermōdōn -ontis Θερ-
μώδων -οντος.
Thermopylae Θερμοπύ-
λαι.
thēsaurus und thēn-
saurus θησαυρός.
Thespiae Θεσπιαί.
Thesprōtia Θεσπρωτία.
Thessalonīcē Θεσσαλο-
νίκη.
Thessalus Θεσσαλός.
Thessalia.
Thessalicus.
Thestius Θέστιος.
Thestor Θέστωρ.
Thoās -antis.
Thoantias -adis.
thōrāx -ācis.
Thrāx -ācis u. Thrēx
-ēcis.
thunnus und thynnus
θύννος.
Thyestēs Θυέστης.
thyrsus θύρσος.
Tibullus wie Catullus.
TiburnusTĭbursTĭburtus
Tĭburtīnus v. Tibur.
Tifernum Τίφερνον Ptol.
3, 1, 53.
Tigellius, dav. Tigellīnus
Τιγελλῖνος Dio C.
tigillum Ableitung von
tig- (tīguum).
tignum.
tignārius.
Tigrānēs wie Tigris.
Tigris Hor. c. 4, 14, 46.
tigris Hor. ars p. 393.

timēscō 3. von timēre.
tingō (tinguō) tīnxī tinc-
tum 3. vgl. τέγγω
und A. R. § 6 A 3.
tīnctilis.
tīnctūra.
tinniō 4. wie tono.
tinnītus -ūs.
tinnulus.
tintinnābulum.
tintinnō u. tintinō 1.
Tīrȳns -ynthis Τίρυνς
-υνθος.
tītillō 1.
tollēnō wie tollō tulī.
tollō sūstulī sublātum 3.
tollō wie tulī, sūs-
tulī aus subs-tulī
vgl. A. R. § 6 C 2 b.
Tolmidās Τολμίδας.
tondeō totondī tōnsum
2. vgl. attodisse mit
2. kurzer S. Verg.
catal. 10 (8), 9.
tonitrus -ūs und toni-
truum, vgl. Verg.
Aen. 4, 122; 5, 694.
tōnsa tōnsilla.
tōnsor.
tōnstrīcula.
tōnstrīna
tōnsūra.
torcular wie torqueō.
tormina, tormentum
ebenso.
tornus τόρνος.
tornō 1. τορνεύω.
torpeō 2.
torpēdō.
torpēscō 3.
torpidus.
torpor.
Torquātus Τόρκουατος
Τορκουᾶτος Pol.
Dionys. App. Dio C.
CIG 369, 2977, 5884,
CIA III 612, 872.
torqueō torsī tortum 2.
vgl. griech. τρέπω

ἀτρεκής sowie sp.
tuerea Schrauben-
mutter und tuerto
Unrecht, byz. τόρτα
τοῦρτα.
tortilis.
tortor.
tortuōsus.
tortūra.
tortus -ūs.
torquis τόρκυς Paianios.
torreō torruī tōstum 2.
vgl. τέρσω τερσαί-
νω, tōstum aus tors-
tum.
torrēns -entis.
torrēscō 3.
torridus.
torris.
torvus vgl. τορός.
torvitās.
toxicum τοξικόν.
trabs trabis.
trāctim von traho trāc-
tum.
trāctō 1. ebenso.
trāctābilis.
trāctātiō.
trāctātus -ūs.
trādux -ucis.
traho trāxī trāctum 3.
trāxī und trāctum
von trag- vgl. trā-
gula Wurfspiefs
Varro bei Nonius
S. 553.
trāctus -ūs.
trāiciō -iēcī -iectum 3.
trāiectiō.
trāiectus -ūs.
Trallēs Τράλλεις.
tranquillus gr. Τράγκυλ-
λος.
tranquillō 1.
tranquillitās.
trāns trāns-, trānseō
trānsfuga u. s. w.
trānsduxit u. a. In-
schr.

trānscendō -endī -ēnsum 3.
trānsenna.
trānsgredior -ēssus sum 3. vgl. gradior.
trānsgrēssiō.
in trānsgrēssū.
trānsigō -ēgī -āctum 3. vgl. ago.
trānsiliō -siluī -sultum4.
trānsitus -ūs.
trānstrum.
trānsvectiō u. trāvectiō von trāns-veho.
trānsversārius w. trānsvertō.
Trapezūs -ūntis Τραπεζοῦς -οῦντος.
Trasumennus und Trasumēnus Ταρσιμένη Pol. Τρασουμέννα Strabo.
Trebellius Τρεβέλλιος.
trecentī τριακόσιοι.
tremebundus vgl. A. R. § 7 B 2.
tremescō 3. vgl. contremiscō u. A. R. § 6 D.
trēssis besser trēsis wie bēsis.
triangulus s. angulus.
triceps tricipitis.
triclinium τρικλίνιον vgl. τρίπους triplex.
Tricostus Τρίκοστος Diod. von costa.
tridēns -entis.
triennium wie annus.
triēns -entis.
trifōrmis wie fōrma.
trīgintā τριάκοντα.
trilībris wie lībra.
trilinguis wie lingua.
trilīx -īcis.
trimēstris von tri-mēnstris.
Trīnacria vgl. Verg. Aen. 3, 440, 582.
Trīnacris.
Trīnacrius.
trinūndinum w. nūndinae.
triplex -icis vgl. Hor. c. 1, 3, 9.
triplus wie triplex.
Triptolemus Τρι-πτόλεμος.
triquetrus Sil. It. 5, 489.
trīstis trīstior CIG 6268, ital. tristo, span. franz. triste.
trīstitia.
trisulcus wie sulcus.
triumphus θρίαμβος, der Wechsel von a—u weist auf Kürze.
triumphālis.
triumphō 1.
triumvir.
triumvirālis.
triumvirātus -ūs.
trochlea τροχαλία.
Trōglodytae Τρωγλοδύται besser Trogo-.
trōssulī verwechselt mit torōsulī.
trūcta τρώκτης, auch nach dem Roman. ū.
truculentus s. lentus.
Truentum vgl. Τρουεντῖνος Strabo 5, 241.
trūlla aus truella v. trua.
truncus Subst. u. Adj. vgl. trucīdō, auch n. d. Roman. u.
truncō 1.
trux trucis.
Tubertus Τούβερτος.
tubilūstrium s. lūstrum.
tucca tuccētum (nicht tucētum) span. tocino.
Tudertēs Τουδερτία Τούδερτον.
Tullus Τύλλος vgl. Tertullus.
Tulliānum.
Tullius Τύλλιος.
tumēscō 3. von tumēre.
tumultus -ūs wie tumulus von tum- (tumēre).
tumultuor 1.
tumultuōsus.
tunc wie nunc hunc gebildet vgl. A. R. § 5.
tundō tutudī tūnsum tūsum 3. tundō w. tudēs 'ab antiquo tudo pro tundo quomodo et frago pro frango et pago pro pango' Festus.
Tungrī Tongern.
turba vergl. gr. τύρβη τυρβάζειν, auch n. dem Roman. u.
turbidus.
turbō 1.
turbō Wirbel.
turbulentus.
Turdētānī im Wortsp. m.
turdus Pl. Capt. 159.
turdus, nach dem Romanischen u.
turgeō tursī turgēre, ū nach A. R. § 6 A 3.
turgēscō 3.
turgidus.
turma wie turba, τόρμη Hesych.
turmālis, turmātim.
Turnus gr. Τοῦρνος.
Turpilius w. turpis.
turpis wie torpeō.
turpitūdō.
turpō 1.
turris τύρρις τύρσις τύρσος, auch nach dem Romanischen u.
turrītus.
turtur Reduplikation.
Tūscī aus Turscī vgl. Etrūria und umbr. Turskum Tursce sowie ital. monti Tuscolani.
Tūsculum wie Tūscī.
Tūsculānus.

tussis.
tussiō 4.
tympanum u. typanum
(Catull) τύμπανον
u. τύπανον.
Tyndareus alt Tondrus.
Tyndaridēs.
Tyndaris.
tyrannus vgl. Sergius
de acc. S. 528 K.
tyrannicus.
tyrannis.
Tyrrhēnī Τυῤῥηνοί und
Τυρσηνοί.
Tyrrhēnia.
Tyrrhēnicus.

V.
vacca.
vaccīnium.
vacerra.
vacillō 1. neben vaccillō
(Lachm. Lucr. S.37)
deutsch wanken.
vafer vafra vafrum.
valdē aus validē.
Valēns-entis ValénsCIL
III 4809, Βάλης CIA
III 113 21, 119 33,
Ὀυάληνς Fröhner
inscr. Louvre 120.
Valentia Οὐαλεντία.
Valentīnus Οὐαλεντῖ-
νος, Kaiser Βαλεν-
τινιανός.
valgus mit vergō Ver-
gilius verwandt?
Valgius.
vallis vielleicht mit vāllum verwandt u. ā,
alt convallis.
vāllum und vāllus Wall,
Pfahl, vállari CIL
II 4509, gr. ἧλος.
vāllāris.
vāllō 1.
vallus kleine Getreide-
schwinge w.vannus.
valvae wie volvō volva.

vānēscō 3. von vānus
vgl. A, R. § 6 D.
vannus.
vappa wie vapor vapidus.
Varguntēius Βαργοντή-
ιος CIA III 1276.
varix -icis.
Varrō, gr. auch Βάῤων
(z. B. Themistios S.
453 Dind.).
Varrōniānus.
vāsculum von vās.
vāscellum.
vāstus aus vacstus v.vac-
(vaco) vgl. Sēstius.
vāstātiō.
vāstitās.
vāstō 1.
vatillum.
übertās von über.
ubicunque.
vēcors -cordis vgl. cor
cordis.
vēcordia.
vectigal von vect- s.
veho vectum.
vectīgālis βεκτιγάλιον
gl. Bas.
vectis v. veho vectum.
Vēctis (Insel Wight)
Ὀυηκτίς.
vēgrandis vgl. vēcors
und grandis.
vehemēns -entis und
vēmēns -entis.
vehementia.
veho vexī vectum 3. vgl.
Gellius (oben S. 6).
vectiō.
vectō 1.
vector.
vectūra.
Vēientēs Ὀυηιεντανοί.
Vēlābrum vgl. Plaut.
Curc. 483.
Vélitrae jetzt Velletri.
Veliternus Οὐελιτερ-
νός Athen.

Vellēia Βελεία Βελία
Phleg.
VellēiusὈυελλεῖος Ὀυελ-
λήιος vgl. CIG 3748,
4494.
vellō vellī (volsī) volsum
3. nach dem Wechsel
von o zu e.
vellicō 1.
vellus vgl. villus vellō.
vēlōx -ōcis.
Venāfrum -āfrum =
-ābrum A. R. § 7 A 2.
vēndō 3. aus vēnum dō.
vēndibilis.
vēnditiō.
vēnditō 1.
vēnditor.
veniō vēnī ventum 4.
ventitō 1.
Vennūnius Ὀυεννώνιος
Dionys.
venter γέντερ Hesych.
ventriculus.
Ventidius Οὐεντίδιος.
Ventō Οὐέντων Plut.
ventus vgl. Suidas Βενε-
βεντός.
ventilō 1.
ventōsus.
vēnumdō 1. besser vē-
num dō.
venustus von venus,
Βέννστος CIG 266
CIA III 1229 20, Βέ-
νυστα CIG 3653.
venustās vgl. Terent.
Hec. 5, 4, 8.
veprēs Hor. ep. 1, 16, 9.
veprēcula.
vērāx -ācis.
Verbānus (lacus) Ὀυερ-
βανός Pol. Strabo.
verbēnae.
verbera.
verberō 1.
verbum vgl. gr. εἴρω
ἐρῶ.
verbōsus.

Vercellae *Ούέρκελλοι*
Βερκέλλαι.
Vercingetorix -īgis*Ούερκιγγέτοριξ* Strabo
Ούεργεντόριξ Plut.
verēcundus A.R. § 7 B 2.
verēcundia span. verguenza.
vergiliae von vergō wie
Vergilius.
Vergilius *Ούεργίλιος*
Βεργίλιος.
Verginius *Ούεργίνιος.*
vergō vērsī 3. wie Vergilius.
vermina wie vermis.
Vermina*Ούερμινᾶς* App.
vermis Wurm, nach dem
Romanischen e.
vermiculus.
verna *ούέρνα βέρνα* CIG
3095.
vernāculus *βέρνακλος*
Lyd. de mens. 4, 25,
de mag. 1, 44.
vernilis.
vernula.
vērnus von vēr *ἠρινός.*
vērnō 1.
verrēs *ούέρρης* Plut.
Cic. 7.
Verrēs Verrius *Ούέρρης Ούέρριος* CIG
5838.
Verrīnus.
verrō verrī versum 3.vgl.
ἔρυσαι ἐρύσασθαι.
verriculum.
verrūca.
verrucōsus *Βερούκωσος* Dio C. Plut.
Verrūgō *Ούέρρο-* u. *'Ερρο-*
Diodor.
versō versor 1. s. vertō.
versābilis.
versātilis.
versus -ūs Furche Vers
wie vertō, auch n.
d. Romanischen e.

versiculus.
versificō 1.
vertebra wie vertō.
vertex u. vortex -icis
ebenso.
verticōsus.
vertō vortō verti versum
3. davon *Ούερτῖναι*
Strabo, vgl. diversus, auch nach dem
Umbrischen u. Romanischen e.
versicolor.
versō versor 1.
versūra.
versūtus.
vertīgō.
vertragus *ούέρτραγοι*
Arrian cyn. 3.
Vertumnus (Vort-)Participalbildung von
vertō vgl. alumnus.
vervēx -ēcis.
vescor 3.
vēscus von ve u. ēsca?
Vesontiō *Ούεσοντίων*
Dio C. 63, 24.
vespa *σφήξ.*
Vespasiānus *Ούεσπασιανός Βεσπασιανός.*
vesper vespera *ἕσπερος ἑσπέρα,* auch
nach dem Romanischen e.
vesperāscō 3. vgl. A.
R. § 6 D.
vespertinus.
vespertiliō von vesper.
vespillō bei Festus S.
368 von vesper abgeleitet, *Ούισπ-*Dio
C. ind. 54.
Vesta *'Εστία.*
Vestālis.
vester alt voster span.
vuestro, auch der
Uebergang v. o zu e
weist auf Kürze bei-

der Vokale. Wie
vester auch vestrī
vestrumGen. zu vōs.
vestrās.
vestibulum vgl. prōstibulum.
vestigium wohl zu *στείχω* gehörig.
vestīgō 1.
Vestīnī *Ούηστῖνοι* Strabo App. CIG. 5900.
vestis gr. *ἐσθής,* byz.
βέστης.
vestiārius *βεστιάριον*
Suidas u. byz. oft.
vestimentum.
vestiō 4. auch nach d.
Romanischen e.
vestitus -ūs.
veternus vgl. vetus veteris.
veternōsus.
Vettius *Ούέττιος Βέτ-*.
Vettones *Ούέττονες.*
vetustus von vetus.
vetustās vgl. Plaut.
Poen. 3, 3, 87.
vexillum Deminutiv zu
vēlum, véxillo Or.
Henzen 6490, byz.
βήξιλλα βήξιλα βίξιλα (Meurs gloss.
graecobarb. S.108),
ούηξιλλατί(ω)σιν
CIG 4483,vgl. Lyd.
de mag. 1, 46.
vexillārius *βηξιλλάριος* CIG 4093.
vexō 1. == vectō von
veho vectum.
vexātiō.
Ufens -entis.
Ufentina *Ούφεντείνα.*
vībix -īcis.
vibro 1. vgl. Ov. met.
3, 34.
viburnum vgl. vimen und
A. R. § 7 B 3.
vicissim wie vicis.

vicissitūdō ebenso.

victima wie victor.

victimārius.

victor v. vincō victum.

victōria.

Victōrīnus.

victrīx -īcis.

victus -ūs Lebensunter-
halt v. vīvō victum.

Vienna *Ουίέννα Βίεννα*.

vigēscō 3. von vigēre.

vigilāns -antis.

vigilantia.

vigilāx -ācis.

vīgintī *εἴκοσιν*.

vilēscō 3. von vīlis ab-
geleitet s. A.R. §6D.

villa, ital. span. villa
franz. ville, davon
vīlicō vīlicor 1. u. vīli-
cus vIlicus CIL VI
56.

villus -ī vgl. vellus.

villōsus.

vinciō vinxī vinctum 4.
wie vincō.

vincō vīcī victum 3. vgl.
pervicāx; auf spät-
lat. Inschriften frei-
lich erscheinen vic-
tum und seine Ab-
leitungen invictus
victoria u. s. w.
häufig mit I.

victor.

vinculum von vinc-(vin-
ciō).

Vindelicī, auch *Βενδελί-
κός* u. Vendo- neben
Vindo- in kelti-
schen Namen.

vīndēmia wie vīnum und
dēmō.

vīndēmiālis.

vīndēmiātor.

vindex -icis von vin
(venia)-dic-,*Βένδιξ
Ούίνδιξ*.

vindiciae.

vindicō 1.

vindicta *βενδίκτα* D.C.

vīnolentus s. lentus.

vīnolentia.

violēns -entis,'violentus
s. lentus, Gen. *Βιό-
λεντος* Fasti J. 447
u. c.

violenter.

violentia.

Vīpsānius VIpsanius CIL
VI 1058, 5, 113, *Βει-
ψάνιος* CIG 5709.

Vīpstānus VIpstanus CIL
VI 2039, 22, 2041,
35, 43, VIpstanius VI
2042, 15, *Ούειψτα-
νοῦ* CIG 5837, CIA
III 621.

Vīrbius? teils von vir
u. bis, teils von
ἥρως u. *βίος* abgel.

virectum wie frutectum.

virēscō 3. von virēre.

virga *βέργα* Const. P.
de c. aul. S. 10, 2, 4;
23, 4 und sonst oft.

virgula.

virgultum, virgultus.

virgō wie vir virāgō,
freilich vIrginum
CIL VI 2150.

virginālis.

virgineus.

virginitās.

virtūs -ūtis wie vir,
auch nach Priscian
S. 7, 19 i, freilich
vIrtutis CIL VI 449.

vīscum *ἰξός* ital. portug.
visco span. bisca.

vīscus -eris vIscera CIL
VI 1975.

vīscerātiō.

Vistula Weichsel.

Visurgis Weser.

Vitellius *Ούιτέλλιος Βι-
τέλλιος*.

Vitellīnus *Βιτελλῖνος*.

vitellus von vitulus.

vītex -icis.

vitricus.

vitrum Hor. c. 1, 18, 16.

vitreus.

Vitruvius.

vitta span. portug. beta
prov. veta.

vittātus.

vīvāx -ācis.

vīvescō 3. vgl. revīviscō
und A. R. § 6 D.

vīvō vīxī victum 3. vIxit
CIL II 3449, 3675,
VI 2188, 3298 und
sonst oft, vīxit CILV
7430, veixit II 3537.

victus -ūs.

vix i nach Priscian S.
7, 19.

ulciscor ultus sum 3. von
ulc- vgl. ulcus und
A. R. § 6 D.

ultiō.

ultor.

ultrīx -īcis.

ulcus = *ἕλκος*.

ulcerō 1.

ulcerōsus.

Ulixēs wie *Ὀδυσσεύς
(Ὀδυσσεύς)*, Uthste.

ūllus aus ūnulus, úlla
CIL II 1473.

ulmus deutsch elm, ilme.

ulmeus.

ūlna = *ὠλένη*.

Ulpius *Ὀλπία* CIG 5200
neben dem sonst
üblichen *Ούλπιος*.

Ulpiānus.

ultrā ūltrō, ultra in der
Rede des K. Clau-
dius Boissieu Inscr.
d. L. S. 136, ouls
(Hs.ouis) Varro l. l.
5, 50.

ūlterior.

ūltimus.

ūlva Schilf wie ūlīgō.

— 74 —

Ulubrae vgl. Hor. ep. 1,
11, 30.
umbilīcus wie ὀμφαλός.
umbō vgl. ὄμβων und
d. v. W.
umbra wie Umbrī Plaut.
Most. 770.
umbrāculum.
umbrāticus.
umbrātilis.
umbrifer.
umbrō 1.
umbrōsus.
Umbrī Ὄμβροί Ὄμβρι-
κοί.
Umbria.
Umbricius Ὄμβρίκιος.
Umbrō jetzt Ombrone.
ūmectō 1.
ūmectus.
ūmēscō 3. von ūmēre.
ūncia wie ūnicus.
ūnciālis.
ūnciārius.
ūnctiō s. ungō.
uncus Haken, krumm,
vgl. ὄγκος und an-
gulus.
uncinus ὀγκῖνος.
unda, nach dem Roma-
nischen u.
undō 1.
undōsus.
unde vgl. Plaut. Mil. 686,
Prisc. 15, 30 S. 83
H. Isid. etym. 1, 17,
3, auch nach dem
Romanischen u.
undecunque.
undique.
ūndecim = ūnus decem.
ūndecimus u. s. w.
ūndēvīginti = ūnus dē
vīgintī.
ūndētrīgintā u. s. w.
ungō ūnxi ūnetum 3.
vgl. Gell. N. A. 9,
6 (oben S. 6).
unguen.

unguentārius.
unguentum.
ūnguis ὄνυξ, aber wie
ūngula it. unghia sp.
uña.
ūniversus siehe vertō
versum.
ūniversitās.
unquam, umquam von
quom cum, vergl.
quondam quoniam.
ūnus quisque.
Vocontiī Βοκόντιοι, Βο-
κόντιε CIG 3470.
Volāterrae Οὐολατέρ-
ραι.
Volcacius Βολκάκιος
App. lil. 27.
Volcānus vgl. kret. ϝελ-
χανός.
Volcānius.
Volcī Οὐόλκοι.
volgus.
volgāris.
volgivagus.
volgō.
volgō 1.
volnus wie vellō.
volnerō 1.
volo velle.
volpēs, die roman. For-
men weisen auf vul-
pēs mit u.
volpēcula.
Volsci Ὄλσοι Οὐόλσκοι
Οὐολοῦσκοι.
volsellae v. vellō vol-
sum.
Volsiniī Οὐολσίνιοι.
Voltinia Ὄλτεινία Οὐελ-
τινία.
voltur Voltur wie vellō
und Volturnus, ro-
man. vultur mit u.
volturius.
Volturnus Οὐόλτουρνος.
voltus -ūs von volvō,
roman. vultus mit u.
voltuōsus.

volucer -ucris -ucre.
Volumnius Οὐολόμνιος
Diod. Plut.
Volumnia.
voluntās vergl. Plaut.
Trin. 1166, Pseud.
537, Stich. 59.
voluntārius.
volva βόλβα Anth. P.
11, 410.
volvō volvī volūtum 3.
voluptās von volup vgl.
Pl. Most. 249, 294,
Amph. 939 u. a.
voluptārius vgl. Plaut.
Mil. 642.
Vopiscus wie priscus,
Οὐοπεῖσκος Οὐοπι-
έσκος.
vorāx -ācis.
vōx vōcis.
Urbinia Ὄρβινία Dionys.
urbius clivus (Liv. 1,
48) ὄρβιος Dionys.
4, 39.
urbs urbis vgl. Urbinia.
urbānitās.
urbānus.
urbicus.
ūrceus von ōrca, goth.
aurkeis.
ūrceolus.
urgeō ūrsī 2. vgl. gr. ὀρ-
γάζω, ūrsī nach A.
R. § 6 A 3.
Urgō Ὀργών Steph. Byz.
ūrna wie ūrinātor Tau-
cher, byz. freilich
ὄρνα bei Const. P.
oft, auch spätl.
orua.
ūrnula.
ūrō ūssī ūstum 3.
ūstulō 1.
ūstrīna.
Ursō span. Osuña.
ursus span. oso gr. ἄρ-
κτος.
ursa.

ursīnus.
ūrtīca von ūrō.
ūspiam und
ūsquam wie ūsque.
ūsque, us aus quoz (vgl.
umbr. pase, osk. puz
pous, pael. puus) wie
uter πότερος.
ūstrīna s. ūrō.
ūsūrpō l. aus ūsū- rap-
(rapiō).
ūsūrpātiō.
utcunque.
ūtēnsilis von ūtor.
uter utris : zwar Lucil.
u. die folg. Dichter

ū, aber vgl. ulcrus,
ital. otre.
utriculus Schlauch u.
Bauch.
uter utra utrum.
utercunque.
uterque.
utervīs.
utrimque.
utrobīque.
utrōque.
utrum.
ut pote 2 Wörter.
ūvēscō 3. von ūvēre.
uxor vgl. Plaut. Merc.
244, Rud. 895, oxor

CIL V 6305, 6271 a,
auch nach dem Ro-
manischen u.
uxōrius.

X.

Xenophōn -ōntis Ξενο-
φῶν -ῶντος.

Z.

Zacynthus Ζάκυνθος
röm. Saguntum.
zingiber ζιγγίβερις ital.
zenzero span. gen-
gibre.
zōstēr ζωστήρ.

Verzeichnis
derjenigen Wörter, welche naturlangen Vokal vor mehrfacher Consonanz haben *).

a.	ārdeliō.	bārrītus bārītus.
acatalēctus.	ārdeō 2.	bēllua bēlua.
ācta āctiō.	Arginūssae.	bēssis bēsis.
āctūtum.	Arrūns Ārūns.	Bēssus.
Adrāstus.	āscendō 3.	bēstia.
āgnōscō 3.	āscia.	Bētriacum.
Alcēstis.	Asclēbiadēs.	bilībris.
Alectō.	Asculum.	Billius.
aliōrsum.	āspernor 1.	bimēustris bimēstris.
aliptēs.	āsportō 1.	Bovīllae.
Amāzōn.	āssus.	brāccae brācae.
amnēstia.	āstus -ūs.	būprēstis.
Āmsanctus.	āstūtus.	būstum.
amȳgdala.	āthla.	Būthrōtum.
anāgnōstēs.	ātrium.	
ānfrāctus.	āxāmenta.	c.
ānxius.	āxilla.	cabāllus.
Ānxur.	āxis.	calūmnia.
Āppulus Āpulus.		cārrus.
Aquīllius.	b.	cārrūca.
arātrum.	balbūttiō balbūtiō 4.	Cāssandra.
	bārdus.	Cāssiopē.

*) Weggelassen sind: 1) die Ableitungen wie inlūstrō mīssiō, 2) die Wörter, welche langen Vokal haben vor gn gm nf ns (A. R. § 1), 3) die Wörter auf āx ēx īx ūx sowie die griech. Wörter auf ūs -ūntis u. ōn- ōntis (A. R. § 2), 4) die Verba mit Mediastämmen, welche im Perf. und Sup. langen Vokal haben mit ihren Ableitungen (A. R. § 6 A 3), 5) die Inchoativa auf āsco ēsco īsco (A. R. § 6 D), 6) die einzelnen Flexionsformen mit langem Vokal wie īsdem Dat. Plur. amāssem u. s. w. (A. R. § 6 B 2 u. 3), ēssem rediīssem redīssem u. s. w. (A. R. § 6 E).

catalēcticus.
catēlla.
catīllus.
Cēphīssus Cēphīsus.
cēssō 1.
cētra.
Charōndās.
chīrūrgus.
cicātrīx.
Cīncius.
cīppus cīpus.
clāssis.
  clāssicum.
clātrī.
Cnōssus.
cōgnōscō 3.
cohors und chōrs.
collēcta.
compēscō 3.
cōnfēstim.
cōniunx.
cōntiō.
corōlla.
crābrō.
crāstinus.
crēscō 3.
Crēssa.
Crēssius.
crībrum.
crispus.
  Crispīnus.
Crīssa Crīsa.
crūsta.
crūstum.
cūnctus.
cūstōs.

d.

dāmma dāma.
dēfōrmis.
dēlūbrum.
Dēmētrius.
dēstinō 1.
deūnx.
dēxtāns.
dextrōrsus.
dīctērium.
diēspiter.
dilēmma.

dīscidium.
dīscipulus.
dīscō 3.
dīscrībō 3.
dispiciō 3.
dīstinguō 3.
dīstō 1.
dīstringō 3.
dōdrāus.
dolābra.
duūmvir.
Dȳrrachium.

e.

ēbrius.
eclīpsis.
ēlixus.
ēnōrmis.
epidīcticus.
Erīnuys Erīnys.
ēsca.
Ēsquiliae.
Etrūscus.
exīstimō 1.
exōrdium.
exōstra.
expērgiscor 3.

f.

fāstīgium.
fāstus -ūs Stolz.
  fāstidium.
fāstus erlaubt.
fatīscō fatīscor 3.
fēllō fēlō.
fēstinō 1.
fēstīnus.
fēstūca.
fēstus Fēstus.
Fībrēnus.
fīctilis.
fīrmus Fīrmus Fīrmum.
fīssilis.
fīstūca.
fīstula.
flābrum.
flūctus.
fōrma.
fōrmōsus.

fōssa.
frūctus -ūs.
frūstrā.
frūstum.
fūlmen.
fūrtum.
fūscina.
Fūscius.
fūscus Fūscus.
fūstis.
fūttilis fūtilis.

g.

gārriō 4.
gārrulus.
Garūnna Garūna.
geōgraphia.
geōrgicus.
gībbus.
glīscō 3.
glōssārium.
glōssēma.
glūttiō glūtiō 4.
grāllae.
grāssor 1.
grūnniō grūndiō 4.
gūstō 1.
gūstus -ūs.

h.

Halicarnāssus.
hāllūcinor hālūcinor 1.
Hellēspontus.
hēlluō hēluō.
hillae.
hīrcus.
Hīrpī.
  Hirpīnī.
hirsūtus.
Hīrtius.
hīrtus.
hīscō 3.
Hīspellum.
hīspidus.
Hispō Hīspulla.
hōrnus.
hōrsum.
Hūnnī Hūnī.

78

i.

iātralīpta.
iēntāculum.
iēntātiō.
ignōscō 3.
llīssus llīsus.
illōrsum.
Illyria.
immō imō.
infēstus.
infōrmis.
inlūstris.
īnstillō 1.
īnstīnctus -ūs.
intervāllum.
intrōrsum.
involūcrum.
Iōlcus.
īrāscor 3.
istōrsum.
iūglāns.
iūncus.
Iūppiter.
iūrgō 1.
iūrgium.
iūstus.
Iūstīnus.
iūxtā.
iūxtim.

l.

lābrum Becken.
laevōrsum.
lāmna.
lārdum.
Lārīssa Lārīsa.
lārva.
lāseīvus.
lāssus.
lātrīna.
lātrō 1.
lavābrum.
lavācrum.
lāxus.
lāxō 1.
lēctiō lēctor.
lēmma.
lēmniscus.

Lēmnos.
lentīscus.
libra.
līctor.
līmpidus.
littera.
līxa Wasser.
līxīvus.
longīuquus.
lūbricus.
lūcta.
lūctus -ūs.
lūscinia.
lūstrum Sühnung.
lūstrō 1.
lūxus -ūs.
lūxuria.
Lycūrgus.
Lyncēstae.

m.

māctus.
māctō 1.
mālle.
manifēstus.
Mānlius.
manūpretium.
Mārcellus.
Mārcus.
Mārs Mārtis.
Mārsī.
Mārtiālis.
māssa.
māxilla.
māximus.
māza.
mercēnnārius.
Mermēssus.
Mesēmbria.
Messālla.
Mētrodōrus.
mētropolis.
mille.
mīlvus.
mīsceō 2.
mittō 3.
Mōstellāria.
mūccus mūcus.
mūcrō.

mūletra mūletrum.
mūlleus.
mūsca.
mūscerda.
mūsculus.
mūscus.
mūssō 1.
mūstēla.
Mycalēssus.

n.

Nārnia.
nārrō 1.
nāscor 3.
nāssa.
nāssiterna nāsiterna.
nāsturcium.
nefāstus.
nīctō nīctor 1.
nōlle.
nōndum.
nōngentī.
nōnue.
Nōrba.
nōrma.
nōscō 3.
nūllus.
nūncupō 1.
nūndinae nūndinum.
nūntiō 1.
nūntius.
nūptiae.
nūsquam.
nūtriō 4.
nūtrīx.
Nȳssa Nȳsa.

o.

Oenōtria.
ōlla.
ōrca.
orchēstra.
ōrdior 4.
ōrdō.
ōrnō 1.
ōscen.
ōscitō 1.
ōsculum.
ōsculor 1.

ōstendō 3.
Ōstia.
ōstium.
ōstrum.
ovīllus.
Ōxus.

P.

palimpsēstus.
palūster.
pānnus pānus.
paradīgma.
Parnāssus Parnāsus.
pāscō 3.
pāssim.
pāssus -ūs.
pāstillus.
pāstor.
  pāstus -ūs.
pāxillus.
pēgma.
pērgō 3.
perīclitor 1.
Permēssus.
pēssum dō 1.
Phoenīssa.
pīctor.
pīlleus -um pīleus -um.
pīnguis.
pīstor.
Pīstōria.
pīstrīna.
plēbs.
plēctrum.
Plēmmyrium.
Plīstenēs.
plōstellum.
poētria poētris.
pollīnctor pollīctor.
Pōlliō.
pōsca.
pōscō 3.
pōstulō 1.
Prāxitelēs.
prēndō 3.
prīmōrdium.
prīnceps.
Prisciānus.
prīscus.

prīstinus.
prōcēssus -ūs.
prōcīnctus -ūs.
Procrūstēs.
profēstus.
prōlīxus.
prōmīscuus.
prōmptus.
propīnquus.
prōrsus prōrsum.
prōsper.
prōtēctor.
Pūblicola.
  pūblicus.
Pūblius.
pūlmō.
pulvīllus.
pūrgō 1.
pūstula pūsula.

Q.

quārtus.
quiēscō 3.
quīnctīlis, Quīnctilius.
quīncūnx.
quīnquātrūs.
quīnque.
  quīndecim.
  quīntus Quīntiliānus
  u. s. w.
quīppe.
quōrsus.

R.

rāstrum.
reāpse.
recēssus -ūs.
rēctus.
retrōrsum.
rīctus -ūs.
rīxa.
  rīxor 1.
rōscidus.
Rōscius.
rōstrum.
Rōxanē.
rūctō rūctor 1.
rūrsus.

rūscus.
rūsticus.

S.

Sāllentīnī Sālentīnī.
Sāllustius Sālustius.
Sārmatae.
Sārsina Sāssina.
scēptrum.
scīscō 3.
scrīptor.
sēcēssiō.
sēlla.
sēmēstris.
sēmūncia.
septūnx -ūncis.
sēscentī.
sēscūncia.
sēscuplus.
Sesōstris.
sēsqui.
sēssiō.
sēstertius.
Sēstius.
Sēstos Sēstiī.
simulācrum.
sīnciput.
sinistrōrsus.
sīstrum.
sōbrius.
Sōcratēs.
sōlstitium.
Sōphrōn.
Sōrnātius.
sōspes.
Sphīnx.
spīnter.
stānnum stāgnum.
stīlla.
strēnna strēna.
strūctor.
stūppa stūpa.
subsēllium.
succēssus -ūs.
suēscō 3.
suīllus.
sūmptus -ūs.
supellēx -ēctilis.
sūpparum sūparum.

sūrculus.
sūrgō 3.
sūrsum.
sūscipiō 3.
    sūscitō 1.
    sūspicor 1.
    sūstineō 2. u. s. w.
sūsque dēque.
Sūtrium.
syllēpsis.

t.

tāctus -ūs.
Tartēssus.
tāxillus.
tāxō 1.
Tecmēssa.
tēctum.
Telmēssus.
Tĕmnos.
Termēssus.
tĕrsus.
terūncius.
tēsta.
tĕstis tēstor 1.
tēstū tēstum.
tēstudō.
theātrum.

Thrēssa.
trāctō 1.
trēssis trēsis.
trimēstris.
trinūndinum.
tristis.
trōssulī.
trūcta.
trūlla.
Tūscī.
Tūsculum.

u. v.

vāllum vāllus.
vāsculum.
vāstus.
    vāstō 1.
Vēctis.
vēgraudis.
Velābrum.
Venāfrum.
vēndō 3.
vērnus.
vēstibulum.
vēstigium.
Vēstini.
vēxillum.
victus -ūs.

villa.
vīndēmia.
Vipsānius.
Vīpstānus.
vīscera.
vīscum.
Vīstula.
ūllus.
ūlna.
ūltra.
    ūlterior u. s. w.
ūlva.
ūncia.
ūndecim.
    ūndēvīgintī u. s. w.
ūnguis.
ūngula.
Vopīscus.
ūrceus.
ūrna.
ūrtīca.
ūspiam ūsquam.
ūsque.
ūstrīna.
ūsūrpō 1.

z.

zōstēr.